TRAINING

Realschule

Deutsch 5. Klasse

Marion von der Kammer

STARK

www.stark-verlag.de
1. Auflage 2006

Inhalt

Fortsetzung nächste Seite

Autorin: Marion von der Kammer
Illustrationen: Friederike Großekettler

Hinweise zum ActiveBook

Arbeitest du gerne am **Computer** oder **Tablet?** Die Aufgaben dieses Bandes stehen dir als „**ActiveBook**" auch digital zur Verfügung. Zum ActiveBook gelangst du über die Online-Plattform *MyStark*. Nutze dafür den vorne im Umschlag eingedruckten **Link** und deinen persönlichen **Zugangscode**.

Das **ActiveBook** bietet dir:

- Viele **interaktive Aufgaben**, die du direkt am Computer oder Tablet bearbeiten kannst. Diese werden sofort ausgewertet, sodass du gleich eine Rückmeldung erhältst, wie gut du deine Sache gemacht hast.
- Ein digitales Glossar zum schnellen Nachschlagen der **wichtigsten Fachbegriffe**.

So arbeitest du mit dem „ActiveBook“!

Interaktive Aufgaben

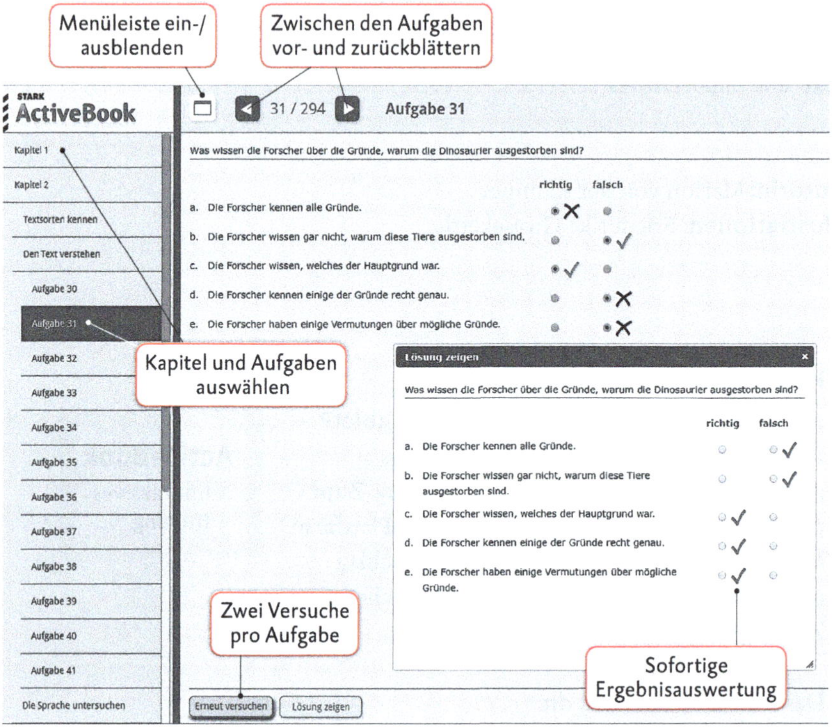

Digitales Glossar

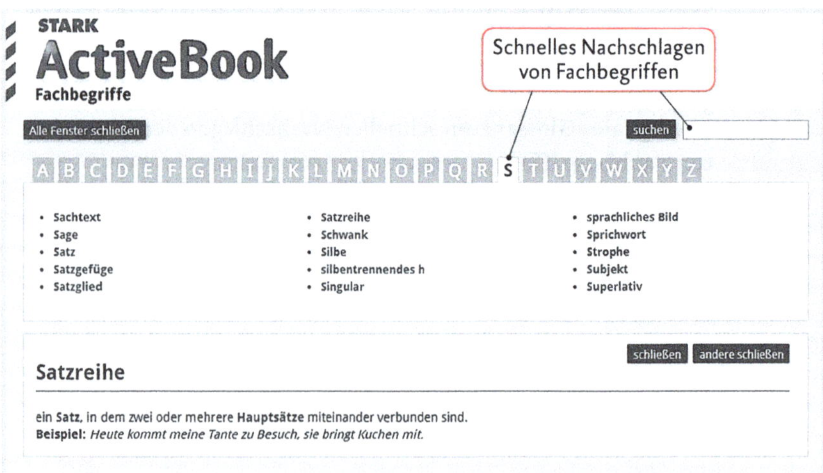

Vorwort

Liebe Schülerin, lieber Schüler,

mit diesem Buch kannst du den **Stoff der 5. Klasse trainieren** und wirst so fit in Deutsch. Das Buch besteht aus fünf Teilen:

- Zu Beginn findest du einen **Kompetenzcheck**. Mit ihm kannst du stets deinen aktuellen Leistungsstand festhalten und siehst so auf einen Blick, welche Bereiche du schon bearbeitet hast.
- In den **10 Kapiteln** erwarten dich vielfältige **Texte und Aufgaben** zu allen Bereichen des Deutschunterrichts. Die **Merkkästen** liefern dir das nötige Basiswissen und geben hilfreiche Erklärungen mit Beispielen.

  Zum Trainieren der verschiedenen **Grundkompetenzen** bestehen die einzelnen Kapitel aus diesen Abschnitten:
  - **Textsorten kennen** (Textsorten und ihre Merkmale)
  - **Den Text verstehen** (Leseverstehen)
  - **Die Sprache untersuchen** (Wortarten, Satzbau usw.)
  - **Richtig schreiben** (Rechtschreibung und Zeichensetzung)
  - **Sich schriftlich äußern** (Verfassen von eigenen Texten)

  Du hast zwei Möglichkeiten, die Aufgaben zu bearbeiten: Entweder du löst sie **handschriftlich** oder im **ActiveBook**.

  Schwierigere Aufgaben sind durch einen Hürdenläufer gekennzeichnet. Wenn du sie lösen kannst, hast du schon große Fortschritte gemacht.
- Am Ende kannst du mit dem **Abschlusstest** dein Können in Deutsch unter Beweis stellen. Das Ergebnis zeigt dir, ob du die Kapitelinhalte insgesamt gut verstanden hast.
- Anhand der **Lösungen** überprüfst du, wie erfolgreich du gearbeitet hast. Sieh aber erst nach, wenn du versucht hast, die Aufgabe selbstständig zu lösen!
- Die wichtigsten **Fachbegriffe** schließen das Buch ab. Hier kannst du nachschlagen, wenn du etwas nicht verstehst oder vergessen hast.

Viel Spaß und Erfolg beim Üben wünscht dir

Marion von der Kammer

Das kann ich! –
Dein Kompetenzcheck

Anhand des Kompetenzchecks kannst du deine Fähigkeiten **selbstständig überprüfen**. Auf diese Weise erkennst du deine **Stärken und Schwächen** – und das ist wichtig für deinen Lernprozess. Denn nur wenn du dich selbst richtig einschätzt, kannst du gezielt das üben, was dir noch Schwierigkeiten bereitet, und dich verbessern.

Geordnet nach den großen Bereichen im Fach Deutsch – **Lesen, Schreiben, Sprachwissen** – führt die Checkliste alle im Buch behandelten Teilkompetenzen auf (z. B. „Argumente formulieren", „Der s-Laut").

Am besten gehst du so mit dem Kompetenzcheck um:

- Zuerst bearbeitest du in einem Kapitel einen bestimmten Abschnitt.
- Anschließend überprüfst du mithilfe der Lösungen, welche Aufgaben du richtig gemacht hast.
- Danach nimmst du deine Selbsteinschätzung in der entsprechenden Teilkompetenz vor:

  Das kann ich gut und sicher.
  Alle deine Lösungen sind richtig.
  → Du kannst dich gleich dem nachfolgenden Abschnitt zuwenden.

  Hier bin ich nicht immer ganz sicher.
  Du hast hin und wieder einen Fehler gemacht.
  → Sieh dir noch mal gezielt die Aufgaben an, die du falsch gelöst hast, und versuche zu verstehen, warum eine andere Lösung richtig ist.

  Das habe ich anscheinend noch nicht richtig verstanden.
  Viele deiner Lösungen sind falsch.
  → Lies in dem Kapitel noch einmal gründlich den entsprechenden Erklärungstext durch. Löse danach die zugehörigen Aufgaben ein zweites Mal.

- So gehst du Abschnitt für Abschnitt vor – bis du alle Kapitel behandelt hast.

Auf diese Weise erhältst du eine **Übersicht** über die von dir bearbeiteten Kapitel und Aufgaben und über deine Kenntnisse auf den jeweiligen Gebieten.

Lesekompetenz	Seite(n)			
Textsorten kennen				
Das Gedicht	2 f.	☐	☐	☐
Der Sachtext	17, 35, 137	☐	☐	☐
Die Erzählung	52 f., 78 f., 107	☐	☐	☐
Das Märchen	67 f.	☐	☐	☐
Der Schwank	91	☐	☐	☐
Die Sage	121	☐	☐	☐

Schreibkompetenz	Seite(n)			
Sich schriftlich äußern				
Eine Fantasiegeschichte schreiben	13	☐	☐	☐
Einen Steckbrief schreiben	32	☐	☐	☐
Eine Stichwortsammlung erstellen	48	☐	☐	☐
Eine Nacherzählung schreiben	63 f.	☐	☐	☐
Erzählen aus einer anderen Sicht	75 f.	☐	☐	☐
Einen Tagebucheintrag schreiben	88	☐	☐	☐
Über ein Ereignis informieren	104	☐	☐	☐
Einen persönlichen Brief schreiben	118	☐	☐	☐
Eine Geschichte erfinden	133 f.	☐	☐	☐
Argumente formulieren	148	☐	☐	☐

Schreibkompetenz

Schreibkompetenz	Seite(n)			
Richtig schreiben				
Wortfamilien als Schreibhilfe	74 f.	☐	☐	☐
Nomen				
Der Plural als Schreibhilfe	11 f.	☐	☐	☐
Der Singular als Schreibhilfe	12			
Adjektive				
Die Grundform als Schreibhilfe	29			
Der Komparativ als Schreibhilfe	29 f.	☐	☐	☐
Die Endungen -lich und -ig als Schreibhilfe	45			
Das Stammwort als Schreibhilfe	46 f.			
Verben		☐	☐	☐
Der Infinitiv als Schreibhilfe	43 f.			
Komposita	30–32	☐	☐	☐
Vokale				
Lang gesprochene Vokale	115 f.	☐	☐	☐
Der i-Laut	86–88			
Konsonanten				
Der Doppelkonsonant	102 f.	☐	☐	☐
Der s-Laut	130–132			
Das / dass	132			
Fremdwörter richtig schreiben	145–147	☐	☐	☐
Die persönliche Anrede im Brief	116 f.	☐	☐	☐
Zeichensetzung				
Die Zeichensetzung bei der wörtlichen Rede	62 f.	☐	☐	☐
Das Komma bei der Aufzählung	114			

Sprachkompetenz	Seite(n)			
Die Sprache untersuchen				
Wortarten				
Nomen	7 f., 10 f.			
Artikel	9 f.			
Adjektiv	21–24	☐	☐	☐
Verb	39 f.			
Pronomen (Personal-, Demonstrativ-, Possessiv-, Relativpronomen)	126–130			
Die Silbe als kleinster Wortbaustein	110 f.	☐	☐	☐
Satzstrukturen				
Satzarten	61	☐	☐	☐
Wörtliche Rede	56–58			
Satzreihe und Satzgefüge	144			
Satzglieder				
Subjekt und Prädikat	95 f.			
Objekt	97 f.	☐	☐	☐
Lokal- und Temporaladverbialien	98–100			
Die Umstellprobe	100 f.			
Zeitformen des Verbs (Tempora)				
Präsens	41–43			
Präteritum	72 f.	☐	☐	☐
Perfekt	83–85			
Plusquamperfekt	112–114			
Verbformen (er)kennen				
Ein Verb konjugieren	141 f.	☐	☐	☐
Das finite Verb	142 f.			
Die Ersatzprobe	143			
Wortschatz				
Treffende Wörter verwenden	59	☐	☐	☐
Wortfelder	60			
Bildhaftes Sprechen				
Bildhafte Vergleiche	25			
Redensarten, Sprichwörter	26–28	☐	☐	☐
Sprachliche Bilder verstehen	140 f.			

Texte und Aufgaben

Kapitel 1:
Vom Schlaraffenlande

Kommt, wir wollen uns begeben
Jetzo ins Schlaraffenland!
Seht, da ist ein lustig Leben,
Und das Trauern unbekannt.
Seht, da lässt sich billig zechen[1]
Und umsonst recht lustig sein:
Milch und Honig fließt in Bächen,
Aus den Felsen quillt der Wein.

Alle Speisen gut geraten,
Und das Finden fällt nicht schwer.
Gäns' und Enten gehn gebraten
Überall im Land umher.
Mit dem Messer auf dem Rücken
Läuft gebraten jedes Schwein.
Oh, wie ist es zum Entzücken!
Ei, wer möchte dort nicht sein!

Und von Kuchen, Butterwecken
Sind die Zweige voll und schwer;
Feigen wachsen in den Hecken,
Ananas im Busch umher.
Keiner darf sich mühn und bücken,
Alles stellt von selbst sich ein.
Oh, wie ist es zum Entzücken!
Ei, wer möchte dort nicht sein!

1 *zechen:* mit mehreren zusammensitzen und trinken (meist Alkohol)

Und die Straßen aller Orten,
Jeder Weg und jede Bahn
Sind gebaut aus Zuckertorten,
Und Bonbons und Marzipan.
Und von Brezeln sind die Brücken
Aufgeführt gar hübsch und fein.
Oh, wie ist es zum Entzücken!
Ei, wer möchte dort nicht sein!

Ja, das mag ein schönes Leben
Und ein herrlich Ländchen sein!
Mancher hat sich hinbegeben,
Aber keiner kam hinein.
Ja, und habt ihr keine Flügel,
Nie gelangt ihr bis ans Tor,
Denn es liegt ein breiter Hügel
Ganz von Pflaumenmus davor.

Textsorten kennen

Das Gedicht

Gedichte sind **besonders kunstvoll** gestaltete Texte.

- Das kann man schon an der äußeren **Form** erkennen: Anders als bei einer Erzählung sind die einzelnen Aussagen bewusst auf Kurzzeilen verteilt. Solche Kurzzeilen heißen **Verse**. Verse, die als Gruppe zusammengehören, bilden eine **Strophe**.
- Meist **reimen** sich zwei Verse. Das bedeutet, dass die letzten Wörter am Ende ähnlich klingen.
  Beispiele: Butterwecken – Hecken, Flügel – Hügel, fein – sein
  Wenn zwei Verse, die sich reimen, unmittelbar aufeinanderfolgen, spricht man von einem **Paarreim**. Wenn sich die Verse in ihren Reimen abwechseln, liegt ein **Kreuzreim** vor.
  Beispiel: Flügel – Tor – Hügel – davor (Kreuzreim)
- In vielen Gedichten scheint sich der Dichter selbst zu Wort zu melden. Dort spricht dann mitunter ein **Ich**. Das ist aber nicht wirklich der Dichter, sondern das Ich im Gedicht: das **lyrische Ich**. So wirkt das, was gesagt wird, sehr persönlich und ehrlich.

1 Aus wie vielen **Strophen** besteht das Gedicht? Nenne die Zahl.

____

2 Wie lang sind die einzelnen Strophen? Nenne die Zahl der **Verse**.

____

3 Welcher **Reim** liegt vor: ein Paarreim oder ein Kreuzreim?

____

Den Text verstehen

4 a Wer möchte im Schlaraffenland sein? Kreuze an, was zum Text passt.

- ☐ viele Menschen
- ☐ alle Menschen
- ☐ wenige Menschen
- ☐ kein Mensch

b Wer gelangt hinein ins Schlaraffenland?

- ☐ viele Menschen
- ☐ alle Menschen
- ☐ wenige Menschen
- ☐ kein Mensch

c Schreibe zwei Textstellen heraus, die zeigen, dass du deine Kreuze bei Teilaufgabe a und b richtig gesetzt hast.

____

____

____

5 Wie sieht es im Schlaraffenland aus? Schreibe zu jedem der gegebenen Wörter einen passenden Satz. Formuliere möglichst mit eigenen Worten.

a Bäche: ______________________________

____

b Felsen: ______________________________

____

c Büsche: ______________________________

____

d Straßen: ______________________________

____

e Brücken: ______________________________

____

6 Warum laufen Gänse und Enten gebraten herum – und warum haben die gebratenen Schweine ein Messer auf dem Rücken? Erkläre.

____

____

7 Was bekommt man im Schlaraffenland umsonst? Formuliere deine Antwort möglichst knapp.

____

____

8 Was gibt es im Schlaraffenland **nicht**? Antworte mit einem vollständigen Satz.

____

____

9 Formuliere die gegebenen Satzanfänge zu vollständigen Sätzen aus.

a Normalerweise wachsen Feigen auf Bäumen, aber im Schlaraffenland ______

______________________________ .

b Das ist im Schlaraffenland so, weil ______________________________

______________________________ .

10 Die Strophen 2, 3 und 4 enden mit diesen Worten:

Oh, wie ist es zum Entzücken!
Ei, wer möchte dort nicht sein!

Erkläre den Sinn der Verse mit eigenen Worten.

____

____

11 Was bedeuten die folgenden Worte? Erkläre.

Mancher hat sich hinbegeben [. . .] (V. 35)

____

____

12 In der **ersten Strophe** heißt es:

Kommt, wir wollen uns begeben
Jetzo ins Schlaraffenland!

In der **letzten Strophe** heißt es:

Ja, und habt ihr keine Flügel,
Nie gelangt ihr bis ans Tor [. . .]

Was hat sich geändert? Beende die gegebenen Satzanfänge.
Hinweis: Achte auf die Personen, von denen die Rede ist.

a In der **ersten Strophe** will das lyrische Ich ______________________

____.

b In der **letzten Strophe** spricht das lyrische Ich ______________________

____.

13 Was ist der Hauptunterschied zwischen dem Leben in der **wirklichen Welt** und dem Leben im **Schlaraffenland**? Beende die gegebenen Satzanfänge.

a In der wirklichen Welt ______________________________

____.

b Im Schlaraffenland ______________________________

____.

14 Wo liegt der Hügel aus Pflaumenmus: in der wirklichen Welt oder im Schlaraffenland? Kreuze an und begründe deine Entscheidung.

Der Hügel aus Pflaumenmus liegt ...

☐ in der wirklichen Welt.

☐ im Schlaraffenland.

Begründung: ______________________________

____

15 **a** Was für Flügel braucht man, um an das Tor des Schlaraffenlandes zu gelangen?

☐ Flügel, die man durch schöne Gedanken hat

☐ Flügel, die zu einem Segelflugzeug gehören

☐ Flügel, mit denen man wie ein Vogel fliegen kann

b Begründe deine Entscheidung.

____

____

16 

a Fändest du es schön, im Schlaraffenland zu leben?

☐ Ja, ich fände es schön, im Schlaraffenland zu leben.

☐ Nein, ich fände es nicht schön, im Schlaraffenland zu leben.

b Begründe deine Meinung ausführlich.

____

____

____

____

____

____

Die Sprache untersuchen

Wortart Nomen (1)

Nomen sind Wörter, mit denen man **Lebewesen oder Dinge** bezeichnet.
Man schreibt sie **groß**.

Beispiele: Hund, Schwanz, Kind, Bein, Blume, Blüte, Haus, Dach, Auto, Rad

17 Schreibe aus dem Gedicht „Vom Schlaraffenlande" fünf Nomen heraus, die Lebewesen bezeichnen, und fünf Nomen, die Dinge bezeichnen.

a Lebewesen: ______________________________

____

b Dinge: ______________________________

____

Wortart Nomen (2)

Einige Nomen bezeichnen Dinge, die man sich nur **denken** kann. Das sind z. B. **Gefühle** und **Vorstellungen**.

Auch diese Nomen werden großgeschrieben.

Beispiele: Freude, Spaß, Ärger, Wut, Freiheit, Glück, Langeweile

18 Ordne die Nomen aus dem folgenden Kasten passend in die Tabelle ein.

Apfel, Wunsch, Fenster, Ball, Buch, Hoffnung, Tisch, Traum, Rasen, Polizist, Strafe, Katze, Liebe, Schnee, Hunger, Eis, Ampel, Heiterkeit, Eile, Geschenk, Mitleid, Erlebnis, Begeisterung, Essen, Tasche, Kino, Kleid, Vergnügen, Mühe, Fleiß, Besen, Not, Gerechtigkeit, Bleistift, Angst, Kuchen, Papier, Verständnis, Radio, Geschirr

Dinge, die man sehen, anfassen, riechen, hören oder schmecken kann	Dinge, die man sich nur denken kann

Wortart Nomen (3)

Nomen, die etwas bezeichnen, das man sich nur denken kann, erkennt man oft an bestimmten Endungen. Solche Endungen sind z. B. **-heit, -keit, -ung, -nis**.

Beispiele: Feigheit, Munterkeit, Bedingung, Ereignis

19 Ordne die folgenden Nomen entsprechend ihren Endungen richtig in die Tabelle ein.

Bekenntnis, Frechheit, Wagnis, Verstärkung, Schönheit, Leichtigkeit, Gedächtnis, Bedrohung, Fröhlichkeit, Belästigung, Ergebnis, Einheit, Freiheit, Festigkeit, Erleichterung, Bosheit, Begegnung, Dankbarkeit, Notwendigkeit, Müdigkeit, Kenntnis, Prüfung, Hindernis, Neuheit

-heit	-keit	-ung	-nis

20 Wandle die folgenden Wörter in Nomen um, indem du eine der Endungen **-heit, -keit** oder **-ung** ergänzt.

Hinweis: Bei Verben musst du die Endung *-en* weglassen.

a rechnen: ____________ b beliebt: ____________

c schlau: ____________ d gemein: ____________

e möglich: ____________ f empfindlich: ____________

g sauber: ____________ h belehren: ____________

i bestechen: ____________ j langsam: ____________

Wortart Artikel

Nomen haben häufig **Begleiter**. Die wichtigsten Begleiter von Nomen sind **Artikel**.

- Es gibt zwei Arten von Artikeln: **bestimmte** *(der, die, das)* und **unbestimmte** *(ein, eine)*. Sie sagen, ob ein Lebewesen oder ein Ding schon **bekannt** ist (bestimmter Artikel) – oder ob es **zum ersten Mal** erwähnt wird (unbestimmter Artikel).

  Beispiele: Ich sehe dort drüben einen Jungen. *(Hier weiß man noch nicht, um welchen Jungen es sich handelt; er wird zum ersten Mal erwähnt.)*
  Ich kenne den Jungen seit Langem. *(Hier weiß man, welcher Junge gemeint ist; er wurde schon einmal erwähnt.)*

- Artikel geben das **grammatische Geschlecht** an.

  Beispiele: der Tisch → Maskulinum (männliches Geschlecht)
  die Schule → Femininum (weibliches Geschlecht)
  das Haus → Neutrum (sächliches Geschlecht)

- Artikel zeigen auch, ob das zugehörige Nomen im **Singular** (in der Einzahl) oder im **Plural** (in der Mehrzahl) steht. Im Plural lautet der bestimmte Artikel immer **die**. Im Plural gibt es keinen unbestimmten Artikel.

  Beispiele: die Männer, die Frauen, die Kinder

- Artikel gibt es **in verschiedenen Formen**. Mit ihrer Form passen sie sich dem **Nomen** an (Maskulin? Feminin? Neutrum?, Singular? Plural?) und fügen sich in den **Satz** ein.

Singularformen des bestimmten Artikels

	Maskulinum	**Femininum**	**Neutrum**
Wer oder was?	der (Hund)	die (Katze)	das (Bild)
Wessen?	des (Hundes)	der (Katze)	des (Bildes)
Wem?	dem (Hund)	der (Katze)	dem (Bild)
Wen (oder was)?	den (Hund)	die (Katze)	das (Bild)

Pluralformen des bestimmten Artikels

	Maskulinum	**Femininum**	**Neutrum**
Wer oder was?	die (Hunde)	die (Katzen)	die (Bilder)
Wessen?	der (Hunde)	der (Katzen)	der (Bilder)
Wem?	den (Hunden)	den (Katzen)	den (Bildern)
Wen (oder was)?	die (Hunde)	die (Katzen)	die (Bilder)

Singularformen des unbestimmten Artikels

	Maskulinum	**Femininum**	**Neutrum**
Wer oder was?	ein (Hund)	eine (Katze)	ein (Bild)
Wessen?	eines (Hundes)	einer (Katze)	eines (Bildes)
Wem?	einem (Hund)	einer (Katze)	einem (Bild)
Wen (oder was)?	einen (Hund)	eine (Katze)	ein (Bild)

21 In den folgenden Witzen fehlen die Artikel. Trage sie ein. Achte auf den richtigen Typ (bestimmt / unbestimmt) und auf die richtige Form.

a Als ______ Roboter in ______ Autobahnraststätte kommt, sieht er ______ Spielautomaten. „Hallo, Kumpel“, sagt ______ Roboter und klopft ______ Spielautomaten auf ______ Rücken. Da fängt ______ Spielautomat an zu scheppern und spuckt ______ Ladung Münzen aus. Erschrocken sagt ______ Roboter: „Mit ______ Husten solltest du aber zu Hause bleiben!“

b In ______ Supermarkt hat sich an ______ Kasse ______ lange Schlange von Kunden gebildet. ______ Verkäuferin wird langsam nervös, denn ______ kleiner Junge legt ______ Artikel nach ______ anderen auf ______ Laufband. Endlich ist ______ Einkaufswagen leer, und ______ Kassiererin liest ______ Endsumme von ______ Kassenbon ab. Da meint ______ Kleine: „Nun können Sie alles wieder einräumen. Ich brauche ______ Summe bloß für ______ Rechenaufgabe.“

Wortart Nomen (4) – Pluralformen

Es gibt **verschiedene Arten**, die **Pluralform** eines Nomens zu bilden.

Beispiele:

der Tisch	→ die Tische	die Tasche	→ die Taschen
die Gabel	→ die Gabeln	der Mann	→ die Männer
die Nuss	→ die Nüsse	der Vater	→ die Väter
das Sofa	→ die Sofas	die Lehrerin	→ die Lehrerinnen
das Zeugnis	→ die Zeugnisse	der Koffer	→ die Koffer

22 Bilde die richtige Pluralform. Vergiss den Artikel nicht.

a die Gans → ____________ b die Straße → ____________

c die Ente → ____________ d das Messer → ____________

e der Ort → ____________ f der Busch → ____________

g die Torte → ____________ h das Schwein → ____________

i der Weg → ____________ j das Bonbon → ____________

23 Wie lautet der Singular? Ergänze ihn jeweils mit dem Artikel.

a ____________ → die Kleider b ____________ → die Ampeln

c ____________ → die Fehler d ____________ → die Geschäfte

e ____________ → die Tore f ____________ → die Erlebnisse

g ____________ → die Bäche h ____________ → die Polizisten

i ____________ → die Füße j ____________ → die Läuferinnen

Richtig schreiben

Der Plural als Schreibhilfe

- Bei manchen Wörtern kann man **nicht hören**, welcher **Konsonant am Ende** geschrieben wird. Denn am Wortende klingen die folgenden Konsonanten gleich:
  b und **p:** Korb, Stab, Lob – Horoskop, Trip, Biotop
  d und **t:** Schuld, Rad, Band – Elefant, Tat, Mut
  g und **k:** Tag, Weg, Burg – Volk, Gelenk, Lok
- Bilde in diesen Fällen den **Plural**. Dann kannst du hören, welcher Konsonant am Wortende steht.

Beispiele: Korb → wegen Körbe; Schuld → wegen Schulden; Tag → wegen Tage; Horoskop → wegen Horoskope; Elefant → wegen Elefanten; Volk → wegen Völker

24 Ergänze den fehlenden Konsonanten am Wortende. Schreibe zum Beweis die Pluralform daneben.

b oder p?

a Die___ → ____________ b Sta___ → ____________

c Lum___ → ____________ d Urlau___ → ____________

d oder t?

e Wel__ → ______________ f Bil__ → ______________

g Fel__ → ______________ h Lan__ → ______________

g oder k?

i Zu__ → ______________ j Betra__ → ______________

k Erfol__ → ______________ l Ban__ → ______________

Der Singular als Schreibhilfe

Bei Nomen, die im Plural stehen, kann dir der **Singular** helfen, die richtige Schreibweise zu finden.

- Das betrifft vor allem Wörter, bei denen man **nicht hören** kann, ob der Vokal **e** oder der Umlaut **ä** geschrieben werden muss. Der Umlaut **ä** wird nämlich im Singular zum **a**; dagegen bleibt der Vokal **e** im Singular erhalten.

  Beispiele: Äste → wegen Ast; Hände → wegen Hand; Betten → wegen Bett; Wecker → wegen Wecker

- Gleiches gilt für **äu** und **eu**.

  Beispiele: Häuser → wegen Haus; Mäuse → wegen Maus; Steuern → wegen Steuer; Freunde → wegen Freund

25 Trage jeweils die fehlenden Buchstaben ein. Begründe die Schreibung, indem du den Singular ergänzt.

ä oder e?

a N__chte → ______________ b K__sten → ______________

c B__rte → ______________ d K__tten → ______________

e H__fte → ______________ f H__cken → ______________

g F__ste → ______________ h B__nder → ______________

i G__ste → ______________ j G__rten → ______________

äu oder eu?

k B___me → ______________ l Tr___me → ______________

m R___me → ______________ n Fr___den → ______________

26 Unterstreiche in der folgenden Geschichte alle Nomen. Schreibe den Text anschließend richtig ab (→ Heft). Vergiss nicht, dass auch Satzanfänge großgeschrieben werden.

IM SCHLARAFFENLAND IST DAS LEBEN LUSTIG: MILCH UND HONIG FLIEẞEN IN BÄCHEN DURCH DAS LAND, UND AUS DEN FELSEN RINNT DER WEIN. DIE GÄNSE UND ENTEN GEHEN FERTIG GEBRATEN UMHER, UND DEN SCHWEINEN STECKT SCHON EIN MESSER IM RÜCKEN. AN DEN ZWEIGEN DER BÜSCHE HÄNGEN KUCHEN UND SEMMELN, UND IN DEN HECKEN WACHSEN FEIGEN UND ANANAS. ALLE STRAẞEN UND WEGE BESTEHEN AUS SÜẞIGKEITEN, UND DIE BRÜCKEN SIND AUS BREZELN GEBAUT. MAN BRAUCHT NUR ZUZUGREIFEN, UM SATT ZU WERDEN.

Sich schriftlich äußern

Eine Fantasiegeschichte schreiben

- Wenn du eine Fantasiegeschichte schreiben willst, kannst du – wie schon der Name sagt – deiner **Fantasie freien Lauf lassen.** Alles, was in deiner Fantasie möglich ist, darfst du schreiben. Beispielsweise kannst du einer Person Flügel wachsen lassen. Oder du lässt leblose Dinge, z. B. Autos oder Fußbälle, plötzlich lebendig werden. Das alles stellst du so dar, **als wäre es tatsächlich wahr**.

  Beispiel: Da hustete das Auto; fast wäre ihm die Luft ausgegangen. „Immer diese schrecklichen Staus!", stöhnte es …

- Allerdings muss das, was du dir ausdenkst, **zum Thema passen.** (Wenn du z. B. aufgefordert wirst, dich in deiner Fantasie in einen Vogel zu verwandeln, darfst du nicht über das Leben von Fischen schreiben!)
- Auch solltest du nicht einfach eine fantastische Begebenheit an die andere reihen. Schließlich willst du eine **Geschichte** schreiben. Alles, was du dir ausdenkst, musst du in einen **Zusammenhang** stellen.

27 Schreibe eine Fantasiegeschichte zum Thema „Ein Tag im Schlaraffenland" mit ungefähr 250 Wörtern (→ Heft). Du kannst so beginnen:

Die ersten Sonnenstrahlen scheinen mir ins Gesicht. Ich blinzle. Ja, es ist tatsächlich schon heller Tag! Genüsslich recke ich noch eine Weile meine Glieder. Endlich erhebe ich mich von meinem weichen Ruhelager …

Kapitel 2: Warum sind die Dinosaurier ausgestorben?

Das Ende der Dinosaurier[1] ist eines der großen Rätsel der Wissenschaft. Unzählige Forscher haben jahrelang darüber nachgedacht, ohne es lösen zu können. Die Dinosaurier waren die größten und stärksten Tiere. Warum sollten sie aussterben?

Ein Brachiosaurus wurde groß wie ein Kirchturm und wog so viel wie 20 erwachsene Elefanten. Ein Supersaurus erreichte die Länge eines Freibads, und wenn er sich bewegte, bebte die Erde. Was sollte ihn erschüttern? Der Tyrannosaurus Rex war eine Bestie mit einem Kopf so groß wie ein Kalb und dolchartigen, spitzen Zähnen. Jeder einzelne Zahn war lang wie ein Brotmesser. Er besaß ungeheuer starke Muskeln und konnte schneller laufen als ein Goldmedaillengewinner im Hundertmeterlauf. Kein heutiges Tier, kein Tiger, kein Löwe, kein Elefant, hätte gegen ihn auch nur den Hauch einer Chance gehabt. Was sollte ihn besiegen?

Und doch starben die Dinosaurier aus. Irgendwann in der späten Kreidezeit, viele Millionen Jahre, bevor die ersten Menschen auf der Erde auftauchten, wurden sie weniger, und vor ungefähr 65 Millionen Jahren verschwanden sie ganz. Viele Abenteurer und Wissenschaftler haben gesucht und gesucht. Im vorigen Jahrhundert unternahmen sie Expeditionen in den Dschungel und in die abgelegensten Gegenden, um zu sehen, ob dort vielleicht ein paar überlebt hatten. Sie fanden nicht einen. Auf der ganzen Welt gruben sie Skelette aus, Hunderte wurden gefunden. Aber nicht eines ist wesentlich jünger als 65 Millionen Jahre.

1 Das Wort *Dinosaurier* bedeutet *Riesenechse*.

Ausgerechnet diese Überlebenskünstler, die so unvorstellbar lange die Erde bevölkert hatten, überlebten nicht. Sie mussten einem anderen Typ von Lebewesen Platz machen, einem Typ, der sich bis dahin vor den Sauriern versteckt, sich ins Gebüsch geschlagen hatte, wenn die Riesen unterwegs waren. Es waren kleine Tiere, nicht größer als Katzen, die zu den großen Gewinnern des Dinosauriersterbens wurden. Sie sahen damals vermutlich aus wie Spitzmäuse oder Eichhörnchen und hatten ein Fell. Ihre Jungen kamen nicht in einem Ei zur Welt wie die Saurierjungen, sondern lebend, und ihre erste Nahrung saugten sie einfach aus der Mutter heraus. Es waren die Säugetiere, eine Klasse von Tieren, zu der auch die Menschen gehören.

Man weiß immer noch nicht so ganz genau, warum die Saurier ausstarben und die Krokodile oder Schildkröten überlebten. Aber man weiß, dass es mit vielen dramatischen Veränderungen der Umwelt zusammenhing. So wurde es allmählich kühler auf der Erde. Zwar hatten die Saurier gelernt, ihre Körpertemperatur einigermaßen stabil zu halten. Doch taten sie sich damit wahrscheinlich recht schwer. Möglicherweise konnten sie die Wärme nur gut speichern, aber nicht selbst erzeugen.

Hinzu kam, dass es für die Saurier nicht mehr so viel Futter gab wie früher, weil die Pflanzen in kalten Zeiten nicht mehr so üppig wachsen. Und sicher gab es noch weitere Gründe.

Für viele Saurierforscher war der Hauptgrund für den Untergang allerdings ein Meteorit[2]. Vor 65 Millionen Jahren ist mit großer Wahrscheinlichkeit ein Riesenmeteorit mit einem Durchmesser von mindestens zehn Kilometern auf der Erde eingeschlagen. Für die Saurier, die schon lange um ihr Überleben kämpften, bedeutete der Aufprall des Meteoriten das endgültige Aus. Der Meteorit war sicher nicht der einzige Grund für das Ende. Aber er tötete die letzten Vertreter.[3] Gemeinsam mit den Sauriern starben zahllose andere Arten. Die Erde wurde leer. Ein paar Millionen Jahre musste die Natur verschnaufen, bis sie wieder bevölkert wurde.

2 *Meteorit:* Teil eines größeren Himmelskörpers. Immer wieder dringen kleinere Meteoriten in die Erdatmosphäre ein, aber weil sie dabei verglühen, merken wir nichts davon. Wenn riesige Meteoriten auf der Erde einschlagen, hinterlassen sie große Krater.

3 Der Meteorit hat die Dinosaurier natürlich nicht erschlagen. Er hat aber das Klima auf der Erde so verändert, dass die Saurier unter den neuen klimatischen Bedingungen nicht überleben konnten.

Textsorten kennen

Der Sachtext (1)

- Ein Sachtext **informiert** den Leser über eine bestimmte **Sache**, z. B. über das Wetter oder über die Gefahren des Klimawandels.
- Auch über Personen oder Tiere oder bestimmte Ereignisse können Sachtexte informieren. Entscheidend ist, dass es diese „Sachen" tatsächlich **gibt oder gegeben hat**.
- Sachtexte sagen, **wie etwas ist** – oder **wie es war**. Manchmal erfährt man auch, ob es zu einem Thema noch **Unklarheiten** oder **Fragen** gibt.
- Aus Sachtexten kann man etwas **lernen**. Deshalb findest du sie auch in Schulbüchern, z. B. in deinem Biologiebuch.
- Es gibt **verschiedene Arten von Sachtexten**. Auch Zeitungstexte sind Sachtexte: Sie informieren über Ereignisse, die in der Welt geschehen sind.

28 Worüber informiert der Sachtext über die Dinosaurier? Beende die Sätze.

a Man erfährt, **wann** ______________________________

______________________________.

b Man erfährt, **wie** ______________________________

______________________________.

c Man erfährt, **warum** ______________________________

______________________________.

29 Was erfährst du über mögliche Unklarheiten oder Fragen?
Beende wieder den angefangenen Satz.

Man weiß nicht genau, ______________________________.

Den Text verstehen

30 Vor wie vielen Jahren sind die Dinosaurier endgültig ausgestorben?

- ☐ in der späten Kreidezeit
- ☐ vor ungefähr 65 Millionen Jahren
- ☐ vor genau 65 Millionen Jahren

31 Was wissen die Forscher über die Gründe, warum die Dinosaurier ausgestorben sind?
Kreuze an, was stimmt und was falsch ist.

	richtig	falsch
a Die Forscher wissen gar nicht, warum diese Tiere ausgestorben sind.	☐	☐
b Die Forscher haben einige Vermutungen über mögliche Gründe.	☐	☐
c Die Forscher kennen einige der Gründe recht genau.	☐	☐
d Die Forscher kennen alle Gründe.	☐	☐
e Die Forscher wissen, welches der Hauptgrund war.	☐	☐

32 Was passierte mit dem Klima, als die Dinosaurier anfingen, um ihr Überleben zu kämpfen? Kreuze an.

☐ Es wurde kälter.
☐ Es wurde wärmer.

33 Warum waren die Klimaveränderungen schlecht für die Dinosaurier? Nenne zwei Gründe.

____

____

34 Welche Folgen hatte der Einschlag des Riesenmeteoriten?
Kreuze an, was stimmt und was falsch ist.

	richtig	falsch
a Durch den Meteoriteneinschlag starben die letzten Dinosaurier.	☐	☐
b Ohne den Meteoriteneinschlag würden die Dinosaurier heute noch leben.	☐	☐
c Auch ohne den Meteoriteneinschlag wären die Dinosaurier ausgestorben.	☐	☐
d Durch den Meteoriteneinschlag wurden auch andere Tierarten vernichtet.	☐	☐
e Einige Tiere haben den Meteoriteneinschlag überlebt.	☐	☐

35 **a** Was ist wahrscheinlich der Hauptgrund für das Aussterben der Dinosaurier?

- ☐ die Klimaveränderungen
- ☐ der Meteoriteneinschlag

b Schreibe die Textstelle heraus, die zeigt, dass du dein Kreuz richtig gesetzt hast.

____

____

36 Welche Tiere gelten als Gewinner des Dinosauriersterbens?

- ☐ Vögel
- ☐ Säugetiere
- ☐ Fische
- ☐ Reptilien

37 Was war das Besondere an den Dinosauriern? Kreuze alle Merkmale an, die mit Sicherheit zutreffen.

Sie waren besonders …

☐ groß.	☐ intelligent.	☐ stark.
☐ laut.	☐ schwer.	☐ schnell.

38 Drei Wörter werden als Bezeichnung für Dinosaurier verwendet:
Bestie – Überlebenskünstler – Riese

a Suche diese Wörter im Text und unterstreiche sie.

b Überlege, was damit über die Dinosaurier ausgesagt wird. Vervollständige die folgenden Sätze. Du kannst die Wörter im Kasten verwenden.

gefährlich, groß, erschreckend, zäh, gewaltig, anpassungsfähig

- **Bestien** sind ________________ und ________________ .
- **Überlebenskünstler** sind ________________ und ________________ .
- **Riesen** sind ________________ und ________________ .

39 a Hat es Forscher gegeben, die einen Dinosaurier lebend gesehen haben?

☐ Ja, einige Forscher fanden Dinosaurier im Dschungel.

☐ Nein, die Forscher fanden nur Skelette von Dinosauriern.

b Schreibe die Textstelle heraus, an der du das erkennst.

____

____

40 Was erfährst du aus folgender Textstelle?

Auf der ganzen Welt gruben sie (die Forscher) Skelette aus, Hunderte wurden gefunden. Aber nicht eines ist wesentlich jünger als 65 Millionen Jahre. (Z. 26–30)

Erkläre vor allem, was der **letzte Satz** aussagt.

____

____

____

41 Was kannst du aus dem Text über die Dinosaurier lernen? Formuliere fünf Sätze zu den folgenden Stichpunkten.

a über das Aussehen der Dinosaurier:

____

b über ihre Fähigkeiten:

____

c darüber, wie ihre Jungen zur Welt kamen:

____

d darüber, wann sie ausgestorben sind:

____

e über die möglichen Gründe ihres Aussterbens:

____

Die Sprache untersuchen

Wortart Adjektiv (1)

- **Adjektive** sind Wörter, die sagen, welche **Eigenschaften** eine Person oder Sache hat. Sie geben also an, **wie** sie beschaffen ist (oder war). In der Grundschule nennt man Adjektive deshalb auch oft **Wie-Wörter**.

  Beispiele: Die Dinosaurier waren groß. Sie waren schwer. Sie waren stark.
- Man kann ein Adjektiv auch **direkt vor das Nomen** stellen, auf das es sich bezieht. Dann sieht das so aus:

  Beispiele: der kleine Vogel, der lustige Junge, das hübsche Mädchen …

42 Wandle die folgenden Wortgruppen in Sätze um.

Adjektiv in der Wortgruppe	Adjektiv im Satz
der kleine Vogel	Der Vogel ist klein.
der heftige Sturm	
die kleine Lüge	
die mutige Frau	
das schnelle Auto	
der spannende Film	
das interessante Buch	
die große Freude	

Wortart Adjektiv (2)

Manchmal werden Adjektive auch verwendet, um zu sagen, **wie** eine Person (oder eine Sache) **etwas tut**.

Beispiele: Die Dinosaurier konnten schnell laufen.
Uli arbeitet sorgfältig.
Der Zug kommt pünktlich.

43 Wie kann man bestimmte Dinge tun? Wähle jeweils das passende Adjektiv aus der folgenden Liste aus. Verwende jedes Adjektiv nur ein Mal.

fleißig, fröhlich, gründlich, gut, hell, jämmerlich, kräftig, lauthals, richtig, schnell

a Der Junge macht jeden Nachmittag seine Hausaufgaben mit Sorgfalt. Er arbeitet ____________________.

b Das Kätzchen hat Hunger. Es miaut ____________________.

c Die Mädchen wollen am Freitag in die Disco gehen und ____________________ tanzen.

d Mein Zimmer ist sehr unordentlich. Ich sollte endlich mal wieder ____________________ aufräumen.

e Am Himmel ziehen dunkle Wolken auf. Bestimmt wird es gleich ____________________ regnen.

f Du hast die Aufgaben ____________________ bearbeitet. Alle deine Lösungen stimmen.

g Als der Lehrer viele Hausaufgaben aufgab, protestierten die Schüler ____________________.

h Wir haben gerade Vollmond, deshalb scheint der Mond nachts ganz ____________________.

i Der Film hat mir gefallen. Die Schauspieler haben ____________________ gespielt.

j Nach Schulschluss gehen die meisten Schüler ____________________ nach Hause.

Wortart Adjektiv (3)

- Normalerweise verwendet man Adjektive in der Grundform, dem **Positiv**. Mit dem Positiv drückt man aus, dass eine bestimmte Eigenschaft vorhanden ist; sie ist (positiv) da.
- Man kann Adjektive auch **steigern**. Wenn man z. B. sagen will, dass eine Eigenschaft bei einer Person besonders ausgeprägt ist – mehr als bei einer anderen Person – dann verwendet man den **Komparativ** (die erste Steigerungsform). Man bildet ihn mit der **Endung -er**.

  Beispiele: schneller, kleiner, dicker, dünner, lustiger, frecher, fleißiger
- Wenn man den Komparativ verwendet, stellt man meist einen **Vergleich** an. Es ist z. B. sinnlos zu sagen: *Die Dinosaurier waren größer.* Dann würde man sich fragen: *Größer als wer?* Deshalb braucht man hier etwas zum Vergleichen. Ein solcher Vergleich wird durch das Wörtchen **als** eingeleitet.

  Beispiele: Die Dinosaurier waren größer als andere Tiere.
  Sie konnten auch schneller laufen als andere Tiere.

44 Ergänze den fehlenden Vergleich. Denke dir etwas aus.

a Franziska ist fleißiger ______________________.

b Ein Computer ist teurer ______________________.

c Die Bahn ist nicht immer pünktlicher ______________________.

d Das Sofa ist bequemer ______________________.

e Schokolade ist süßer ______________________.

f Schnecken sind langsamer ______________________.

g Im Winter ist es kälter ______________________.

h Mein Rucksack ist schwerer ______________________.

i Mathematik ist schwieriger ______________________.

j Mein Freund arbeitet schneller ______________________.

k Schildkröten werden älter ______________________.

l Viele Kinder werden später einmal größer ______________________.

m Im Sommer bleibt es länger hell ______________________.

Wortart Adjektiv (4)

- Wenn man sagen will, dass eine Eigenschaft bei einer Person oder Sache **am meisten** vorhanden ist, verwendet man den **Superlativ**. Man erkennt ihn an dem Buchstabenpaar **-st-**.
  Beispiel: Die Dinosaurier waren die schnellsten Tiere.
- Zusammen mit dem Superlativ wird häufig das Wörtchen **am** verwendet.
  Beispiel: Die Dinosaurier waren auch am größten.
- Merke: Beim Adjektiv **gut** sind die Formen des Komparativs und des Superlativs **unregelmäßig:** gut – besser – am besten

45 Welche Eigenschaften sind bei den Dinosauriern am meisten ausgeprägt? Schreibe darüber drei Sätze. Orientiere dich am Text.

____

____

____

46 Bilde jeweils den Komparativ und den Superlativ.

Grundform (Positiv)	Komparativ	Superlativ
billig		
teuer		
ernst		
sportlich		
schwer		
geizig		
langweilig		
lecker		
stark		
alt		
klein		

Bildhafte Vergleiche

Die Dinosaurier waren so außergewöhnliche Tiere, dass man sie sich kaum vorstellen kann. Damit man sich trotzdem ein **Bild** von ihnen machen kann, werden sie im Text immer wieder mit Dingen verglichen, die wir kennen. Einen solchen Vergleich nennt man einen **bildhaften Vergleich**. Bildhafte Vergleiche enthalten häufig das Vergleichswort **wie**.

Beispiel: Ein Brachiosaurus wurde groß wie ein Kirchturm.
(Weil man weiß, wie groß und hoch ein Kirchturm ist, kann man sich durch diesen bildhaften Vergleich gut vorstellen, wie groß die Dinosaurier waren.)

47 Womit werden die Dinosaurier hier verglichen? Unterstreiche die entsprechenden Wortgruppen.

a Die frühesten Dinosaurier waren noch ziemlich klein, sie waren ungefähr so groß wie Braunbären.

b So riesig wie ein halber Fußballplatz wurden einige Dinosaurier.

c Der Tyrannosaurus Rex war so hoch wie ein einstöckiges Haus.

d So viel wie 20 Elefanten wogen einige Dinosaurier.

e Die Hälse vieler Dinosaurier waren so lang wie die Hälse von Giraffen.

f So groß wie Fußbälle waren die Eier von Dinosauriern.

g Die Dinosaurier waren mit ihren Kindern so geduldig wie Vogeleltern.

h Auch im Meer gab es Dinosaurier, sie sahen aus wie riesige Delfine.

i Einige Dinosaurier konnten fliegen, sie hatten Häute wie Fledermäuse.

48 Vervollständige die Vergleiche. Du findest sie alle im Text.

a Ein Brachiosaurus wog so viel wie ______________________.

b Ein Supersaurus war so lang wie ______________________.

c Der Kopf des Tyrannosaurus Rex war so groß wie ______________________.

d Seine Zähne waren spitz wie ______________________.

e Jeder Zahn war so lang wie ______________________.

Redensarten

- Manchmal redet man „in Bildern". Dann wirkt das, was man sagt, sehr anschaulich. Einige sprachliche Bilder sind schon sehr alt; sie sind im Laufe der Zeit zu festen **Redensarten** geworden.
- Wenn man eine Redensart noch nie gehört hat, sollte man sich im Innern „ein **Bild**" davon machen. Meist versteht man sie dann.

  Beispiel: Jemand sagt, eine Person habe „die Maske fallen lassen".
  (Wenn jemand eine Maske trägt, versteckt er sein wahres Gesicht. Wenn er diese Maske fallen lässt, zeigt er plötzlich sein wahres Gesicht. Damit will man sagen, dass man nun die schlechten Eigenschaften einer Person erkannt hat.)

49 Was bedeuten die folgenden Redensarten? Ordne die Bedeutungen zu.

sich nichts gefallen lassen – gut reden können – jemanden betrügen – nicht mehr wissen, was man sagen wollte – hochmütig sein – nichts verstehen – auf jemanden zugehen – durch gute Kontakte etwas leicht bekommen – untätig bleiben – mit selbst verschuldeten Schwierigkeiten allein fertig werden müssen

a den Kopf hoch tragen:

____

b nicht auf den Mund gefallen sein:

____

c an der Quelle sitzen:

____

d im eigenen Saft schmoren:

____

e ein Brett vor dem Kopf haben:

____

f den Faden verlieren:

____

g den ersten Schritt tun:

h jemanden übers Ohr hauen:

i sich nicht die Butter vom Brot nehmen lassen:

j keinen Finger rühren:

50 Was bedeuten diese umgangssprachlichen Redensarten? Erkläre ihren Sinn mit eigenen Worten.

a Ich glaub', mein Schwein pfeift.

b Du hast wohl ein Rad ab.

c Der Junge war ganz von der Rolle.

d Das ist der Hammer!

e Ich glaub', ich bin im falschen Film.

f Sie schaltet ihre Ohren auf Durchzug.

g Kannst du mal einen Gang zulegen?

h Vorhin hat mich meine Lehrerin ganz schön zugetextet.

Sprichwörter

- Wenn ein sprachliches Bild eine **Lehre** ausspricht, nennt man das ein **Sprichwort**. Viele Sprichwörter sind schon sehr alt, aber sie werden auch heute noch gebraucht, z. B. um allgemein bekannte Weisheiten anschaulich zu formulieren.
- Wie bei Redensarten muss man sich bei Sprichwörtern „ein **Bild**“ von dem machen, was sie sagen. Dann versteht man ihren **Sinn**.

Beispiel: Lügen haben kurze Beine.
(Mit Lügen kommt man nicht weit; früher oder später werden sie aufgedeckt. Die Lehre lautet also: Man sollte besser nicht lügen.)

51 Welche Lehre wird mit den folgenden Sprichwörtern erteilt? Schreibe sie auf. Beginne so: *Man sollte* … oder: *Man sollte nicht* …

a Wer anderen eine Grube gräbt, fällt selbst hinein.

____

b Ein gutes Gewissen ist ein sanftes Ruhekissen.

____

c Was Hänschen nicht lernt, lernt Hans nimmermehr.

____

d Doppelt genäht hält besser.

____

e Wer nicht hören will, muss fühlen.

____

f Viele Köche verderben den Brei.

____

g Wie man in den Wald hineinruft, so schallt es heraus.

____

____

h Der Lauscher an der Wand hört seine eigene Schand’.

____

____

Richtig schreiben

Die Grundform von Adjektiven als Schreibhilfe

Wenn man unsicher ist, wie der Komparativ oder der Superlativ eines Adjektivs geschrieben wird (mit **ä** oder mit **e**?), sollte man überlegen, wie die **Grundform** (der Positiv) heißt. Dann wird die Schreibweise meistens klar.

Beispiele: älter → wegen alt gelber → wegen gelb

52 Füge ein: **e** oder **ä**? Erkläre die Schreibweise, indem du die Grundform ergänzt.

Grundform (Positiv)	Komparativ	Superlativ
	schn___ller	am schn___llsten
	h___ller	am h___llsten
	l___nger	am l___ngsten
	k___lter	am k___ltesten
	h___ftiger	am h___ftigsten
	___rmer	am ___rmsten
	schl___chter	am schl___chtesten
	h___rter	am h___rtesten
	w___rmer	am w___rmsten

Der Komparativ als Schreibhilfe

Manchmal kann man nicht hören, ob der letzte Buchstabe eines Adjektivs ein **b** oder ein **p**, ein **d** oder ein **t**, ein **g** oder ein **k** ist. Bilde in diesen Fällen den **Komparativ**, dann kannst du die richtige Schreibweise hören.

Beispiele:
trüb → wegen trüber plump → wegen plumper
wild → wegen wilder kalt → wegen kälter
schräg → wegen schräger stark → wegen stärker

53 Trage die fehlenden Konsonanten ein. Begründe die Schreibweise, indem du den Komparativ ergänzt.

d oder t?

a bun___ → ____________ b berühm___ → ____________

c run___ → ____________ d mil___ → ____________

e brei___ → ____________ f dich___ → ____________

g wei___ → ____________ h gesun___ → ____________

g oder k?

i kran___ → ____________ j klu___ → ____________

k blan___ → ____________ l ar___ → ____________

m flin___ → ____________ n schlan___ → ____________

b oder p?

o gel___ → ____________ p gro___ → ____________

q plum___ → ____________ r der___ → ____________

s lie___ → ____________ t tau___ → ____________

Komposita (1)

- Es ist möglich, zwei (oder sogar mehr) Wörter zu einem neuen Wort zusammenzufügen. Solche Zusammenfügungen heißen **Komposita** (Singular: **Kompositum**). Jedes Kompositum besteht aus einem **Grundwort** und mindestens einem **Bestimmungswort**. Das Grundwort ist immer das **letzte Wort** in einem Kompositum.

  Beispiele: Dinosaurier + Forscher → Dinosaurierforscher
  Körper + Temperatur → Körpertemperatur

- An der **Nahtstelle** zwischen zwei Wörtern werden manchmal einzelne **Buchstaben hinzugefügt** (z. B. **s** oder **n**); manchmal **entfallen** auch einzelne **Buchstaben** (z. B. **e** oder **en** oder **n**).

  Beispiele: überleben + Künstler → Über | leben | s | künstler
  leben + Wesen → Lebe | wesen
  leben + Tag → Leb | tag

- In der Regel aber gilt: Wenn man Wörter zu einem Kompositum zusammenfügt, darf vom eigentlichen **Wortstamm kein Buchstabe verloren gehen**.

  Beispiel: Schluss + Strich → Schluss | strich

- Ob ein Kompositum **klein-** oder **großgeschrieben** wird, hängt immer vom **Grundwort** ab. Wenn das Grundwort ein **Nomen** ist, schreibt man das Kompositum **groß**. In allen **anderen Fällen** schreibt man es **klein**.

  Beispiele: Speiseeis → wegen Eis
  eiskalt → wegen kalt

54 Unterstreiche bei den folgenden Komposita jeweils das **Grundwort**. Schreibe die Wörter dann richtig auf.

SCHNELLIMBISS, VERKEHRSREGEL, SPRECHSTUNDE, HUNDEMÜDE, LEICHTSINN, KLEINLAUT, LASTWAGEN, MESSERSCHARF, NOTAUSGANG, BLECHSCHADEN, BITTERERNST, HAUSAUFGABEN, GERTENSCHLANK, ZUCKERSÜß, GEBURTSTAGSKUCHEN, FAHRBEREIT, BILDSCHÖN, BÄRENSTARK, VOGELKÄFIG, BLUMENSTRAUß, HAARSTRÄUBEND, GESPRÄCHSBEREIT, REISEBÜRO, ESSTISCH, HUNGERLOHN, NACHTISCH, FAHRRADSCHUPPEN, HERZERWEICHEND, MÄUSCHENSTILL, RABENSCHWARZ

Kleinschreibung: ______________________________

____

____

____

Großschreibung: ______________________________

____

____

____

Komposita (2)

Ein Kompositum, in dem das Grundwort ein **Adjektiv** ist, entspricht oft einem **verkürzten Vergleich.**

Beispiele: bärenstark → stark wie ein Bär
mäuschenstill → still wie ein Mäuschen

55 Erkläre den Sinn der folgenden Komposita. Orientiere dich an den Beispielen im Merkkasten.

a bienenfleißig: ______________________________

b haushoch: ______________________________

c federleicht: ______________________________

d glasklar: ______________________________

e riesengroß: ______________________________

f kugelrund: ______________________________

g blitzschnell: ______________________

h steinhart: ______________________

i messerscharf: ______________________

j butterweich: ______________________

Sich schriftlich äußern

Einen Steckbrief schreiben
Wenn eine Person als vermisst gemeldet wird oder wenn ein Verbrecher gesucht wird, schreibt die Polizei einen **Steckbrief**.
Ein Steckbrief gibt in Kürze Auskunft über diese Einzelheiten:
- über das **Aussehen** der Person (Größe, Figur, Kleidung, besondere Kennzeichen),
- über besondere **Eigenschaften** der Person,
- über typische **Verhaltensweisen** der Person,
- darüber, was die Person zuletzt **getan hat**,
- darüber, wo die Person zuletzt **gesehen wurde** oder **letzte Spuren** hinterlassen hat.

56 Stell dir vor, du wärst ein Dinosaurierforscher und hättest die Hoffnung, irgendwo auf der Erde vielleicht doch noch ein lebendes Exemplar eines Dinosauriers zu finden. Schreibe einen Dino-Steckbrief.

Gib der Reihenfolge nach Auskunft über diese Einzelheiten:
- Aussehen
- besondere Kennzeichen
- Eigenschaften
- Verhaltensweisen

Schreibe einen **zusammenhängenden Text** (→ Heft). Verwende darin mindestens **drei bildhafte Vergleiche**, damit sich deine Leser eine gute Vorstellung von Dinosauriern machen können. Schreibe etwa 200 Wörter.

Beginne so:
Gesucht: Dinosaurier
Wer hat einen lebenden Dinosaurier gesehen?
Beende deinen Steckbrief so:
Sollte jemand einen Dinosaurier gesichtet haben, melde er sich bitte bei dem Dinosaurierforscher … (dein Name) *unter* … (E-Mail-Adresse oder Telefonnummer).

Wenn du zusätzliche Informationen brauchst – z. B. darüber, was Dinosaurier gefressen haben – kannst du auch im Internet recherchieren. Diese Internetadressen kommen infrage:
http: //www.dinosaurier-interesse.de/Kinder1.html
http: //www.blinde-kuh.de/tiere/dinos/

Kapitel 3: Kaninchen

Mit ihrer kleinen Stupsnase, ihren großen Augen und ihrem runden Kopf erobern Zwergkaninchen Kinderherzen im Sturm. In Zoohandlungen hört man dann auch häufig den Ausruf: „Guck mal, die süßen Häschen!“ Das ist, zoologisch betrachtet, nicht ganz richtig. Hase und Kaninchen gehören zwar zur Ordnung der Hasentiere, doch unterscheiden sie sich in Körperbau und Verhalten in recht wesentlichen Punkten voneinander. I

Der Feldhase ist leider in Deutschland immer seltener zu beobachten. Er besitzt auffallend lange Ohren, und dank seiner langen Hinterläufe kann er mit einer Geschwindigkeit von über 70 km/h das Hasenpanier ergreifen[1]. Während dem Hasen eine einfache Grube als Unterschlupf, Schlaf- und Geburtsort dient, wohnen die geselligen Wildkaninchen in selbst gegrabenen Höhlen. Hasen können bis zu fünf Kilo schwer werden, Wildkaninchen erreichen höchstens ein Gewicht von zwei Kilo. Kaninchenbabys sind bei der Geburt winzig, denn sie sind – im Gegensatz zu den jungen Hasen – Nesthocker und kommen nach einer Tragzeit von gut vier Wochen vollkommen hilflos, nackt und blind zur Welt. Wenn sie ausgewachsen sind, müssen sie sich innerhalb ihrer Großfamilie in eine recht strenge Rangordnung einfinden. Aber das hat auch Vorteile: Eine möglichst große Wildkaninchensippe bietet dem einzelnen Tier nämlich den besten Schutz vor seinen vielfältigen Feinden. II

Feldhase

Wildkaninchen

Unsere Haus- und Wildkaninchen kommen ursprünglich aus Spanien. III
Schon vor zweitausend Jahren wurden sie dort als Fleischlieferanten gehalten und gezüchtet. Im Mittelalter gelangten diese Hauskaninchen dann auch ins nördlichere Europa. So manches Tier konnte der Gefangenschaft entkommen und sich in den raueren Klimaverhältnissen zurechtfinden. Da die Kaninchen

1 *das Hasenpanier ergreifen:* weglaufen, flüchten

sich so rasch vermehren, genügten wenige Tiere, um bald eine stabile Population[2] zu erreichen. Wohl jeder kennt die Geschichte der 29 in Australien ausgesetzten Wildkaninchen, die sich innerhalb von gut dreißig Jahren auf 750 Millionen Stück vermehrt hatten.

IV

Aufgrund vieler natürlicher Feinde blieb uns Derartiges in Europa erspart. Hier leben die einstigen Hauskaninchen als mehr oder weniger gern gesehene Gäste sowohl in Feld und Flur als auch in Park- und Gartenanlagen. Ihre domestizierten[3] Brüder und Schwestern entwickelten sich zu sehr strammen „Stallhasen“ und seit etwa sechzig Jahren auch zu unseren zierlichen, niedlichen Zwergkaninchen.

Zwergkaninchen

V

In der freien Natur gibt es bestimmte Verhaltensweisen, die das Zusammenleben im Familienverband ordnen oder einfach das Überleben sichern. Auch unsere Hauskaninchen zeigen noch ein derartiges Verhalten. So markieren sie ihr Revier nicht nur mit Kot und Urin, sondern sie reiben auch ihr Kinn an allen möglichen Gegenständen, um damit ihren ganz persönlichen Duft zu hinterlassen. Vermuten Kaninchen eine nahende Gefahr, stellen sie sich auf, um einen besseren Überblick zu haben. Sie fressen so allerdings auch an Büschen, und zahme Hauskaninchen begrüßen auf diese Art ihre Besitzer. Spüren sie eine bedrohliche Situation, klopfen zumindest Wildkaninchen mit ihren Hinterläufen auf den Boden, um ihre Artgenossen zu warnen. Ist die Gefahr akut[4], drücken sich die Tiere – wenn sie nicht in ihren Bau fliehen können – möglichst flach auf den Boden und legen die Ohren an. Dieses Verhalten ist bei vielen wild lebenden Tieren zu beobachten. Erst wenn der Feind in unmittelbarer Nähe ist, beginnt die wilde Flucht.

VI

Wenn allerdings ein Kaninchen den gesamten Körper anspannt und den Kopf mit angelegten Ohren nach vorne streckt, ist es unter Umständen bereit, sich fauchend zu verteidigen und dabei auch zuzubeißen. Das gilt auch für unsere niedlichen Zwergkaninchen! Menschen müssen sich allerdings schon übles Fehlverhalten erlauben, ehe es dazu kommt. Ein zufriedenes Kaninchen pflegt Kontakt mit seinem Besitzer, indem es ihn zart anstupst oder ihm gar die Hand leckt.

2 *Population:* Anzahl der Tiere, Menge
3 *domestiziert:* gezähmt, als Haustiere gehalten
4 *akut:* schon da

Kaninchen können hervorragend riechen, und sie haben als Fluchttiere auch recht gut ausgebildete Augen. Die relativ großen Ohren ermöglichen es den Tieren, auch kleinste Geräusche wahrzunehmen. Ähnlich wie Meerschweinchen reagieren sie dabei empfindlich auf sehr laute und sehr hohe Töne. Sie können allerdings nicht so viele verschiedene Laute hervorbringen wie ihre Nagerkollegen. Laute, schrille Schreie sind ein Zeichen für äußerste Not oder großes Leid. Bei starken Schmerzen knirschen die Tiere vernehmlich mit den Zähnen. Leichte Kau- oder Mahlgeräusche geben Kaninchen von sich, wenn sie sich wohlfühlen. Liegen sie leise glucksend in ihrem Käfig, dann ist das ein Zeichen dafür, dass sie momentan mit ihrem Leben sehr zufrieden sind. VII

Textsorten kennen

Der Sachtext (2)

Achte bei einem Sachtext immer auf die **Überschrift**. Sie gibt dir oft schon den entscheidenden Hinweis auf das Thema.

57 Was ist das Thema des obigen Sachtextes? Schreibe ein bis zwei Sätze.

____

____

58 Schreibe fünf wichtige Informationen aus dem Text heraus.

a Man erfährt, **dass** ______________________________

______________________________ .

b Man erfährt, **wo** ______________________________

______________________________ .

c Man erfährt, **was** ______________________________

______________________________ .

d Man erfährt, **wie** ______________________________

______________________________ .

e Man erfährt, **wann** ______________________________

______________________________ .

Den Text verstehen

59 Wo findest du die folgenden Informationen? Schreibe die Nummer des Absatzes jeweils neben die Information. Das erste Beispiel ist schon gelöst.

Der Text informiert darüber, …	Absatz Nr.
… woher die Haus- und Wildkaninchen ursprünglich kamen.	III
… warum Kinder Zwergkaninchen niedlich finden.	
… warum es in Europa keine Kaninchenplage gegeben hat.	
… welche Unterschiede es zwischen Hasen und Kaninchen gibt.	
… wie Wildkaninchen ihr Revier markieren.	
… wann sogar Zwergkaninchen zubeißen können.	
… welche Laute Zwergkaninchen von sich geben.	
… wie sich Wildkaninchen bei Gefahr verhalten.	

60 Welche **Gemeinsamkeiten** gibt es zwischen Hasen und Kaninchen? Beende den Satz.

Sie gehören beide ____ .

61 Welche **Unterschiede** gibt es zwischen Hasen und Wildkaninchen? Ergänze.
Hinweis: Nicht alle Informationen stehen wörtlich im Text!

Wildkaninchen	Hasen
	Hasen werden bis zu fünf Kilo schwer.
Wildkaninchen leben in Höhlen.	
	Hasen sind Nestflüchter.
Wildkaninchen besitzen lange Ohren.	
Wildkaninchen sind gesellig.	

62 Welche Sinne sind bei den Wildkaninchen gut ausgebildet? Kreuze an.
Hinweis: Du musst drei Sinne ankreuzen.

- ☐ das Hören
- ☐ das Sehen
- ☐ das Fühlen
- ☐ das Schmecken
- ☐ das Riechen

63 Erkläre, was mit den folgenden Sätzen gemeint ist.

a Zwergkaninchen erobern Kinderherzen im Sturm. (vgl. Z. 2)

____

____

b Wildkaninchen müssen sich innerhalb ihrer Großfamilie in eine recht strenge Rangordnung einfinden. (vgl. Z. 24–27)

____

____

c Aufgrund vieler natürlicher Feinde blieb uns Derartiges in Europa erspart. (Z. 39 f.)

____

____

d In Europa leben Wildkaninchen als mehr oder weniger gern gesehene Gäste. (vgl. Z. 40–42)

____

____

e Menschen müssen sich allerdings schon übles Fehlverhalten erlauben, ehe es dazu kommt. (Z. 66 f.)

____

____

64 Beantworte die folgenden Fragen mit möglichst kurzen Sätzen.

a Warum ist es falsch, ein Zwergkaninchen als „Häschen“ zu bezeichnen?

____

b Wie lange dauert die Tragzeit bei Wildkaninchen?

____

c Wie kommen Wildkaninchen zur Welt?

____

d Warum gibt es heute noch **Wildkaninchen**?
Hinweis: Es waren doch **Hauskaninchen**, die nach Nordeuropa kamen!

____

____

e Was tun Wildkaninchen in einer bedrohlichen Situation?

____

f Wann flüchten Kaninchen vor einem Feind?

____

g Wie zeigen Kaninchen, dass sie sich wohlfühlen?

____

65 a Welche Einstellung hat der Verfasser gegenüber Kaninchen? Kreuze an.

- ☐ Er mag sie nicht.
- ☐ Er mag sie.
- ☐ Man weiß es nicht.

b Begründe deine Entscheidung. Beziehe dich dabei auf den Text.

____

____

____

____

____

Die Sprache untersuchen

Wortart Verb (1)

- Mit **Verben** bezeichnet man **Aktivitäten**, also etwas, das man **tun** kann.
  Beispiele: laufen, singen, lesen, schwimmen
- Nicht nur Menschen und Tiere können etwas tun; auch Pflanzen, ja, sogar leblose Dinge können – grammatisch gesehen – aktiv werden.
  Beispiele: Ein Ball kann rollen. Sterne können leuchten. Ein Feuer kann knistern. Schnee kann fallen. Essen kann schmecken. Die Musik kann spielen.

66 Wer kann was tun? Ordne die gegebenen Verben zu.
Hinweis: Einige Verben kannst du mehrmals verwenden.

arbeiten, blühen, dampfen, erklären, fliegen, fließen, gehen, klingeln, kochen, kommen, lachen, laufen, rauchen, rufen, schlafen, schmecken, schreiben, singen, spielen, wachsen, weinen, wehen

Wer? Was?	Passende Verben
Vogel	
Kind	
Wind	
Lehrer	
Blume	
Telefon	
Schornstein	
Suppe	
Wasser	
Musik	

Wortart Verb (2)

Im Wörterbuch stehen alle Verben im **Infinitiv** (in der Grundform).
Der Infinitiv besteht aus dem **Stamm** und der **Endung -en**.

Beispiel: lesen → les + en
Stamm + -en

67 Trage die richtigen Infinitivformen in die Tabelle ein.

	Infinitiv
(er) stört	
(du) lachst	
(ihr) spielt	
(ich) wasche	
(du) reitest	
(du) lernst	
(ihr) kommt	
(du) fragst	
(sie) springen	
(ich) winke	
(du) schreibst	

	Infinitiv
(er) bastelt	
(es) regnet	
(sie) liest	
(ihr) lauft	
(du) trinkst	
(du) sparst	
(er) hört	
(sie) arbeitet	
(ich) denke	
(ihr) kennt	
(wir) helfen	

Zeitform Präsens (1)

Im Satz tritt bei den meisten Verben an die Stelle der Infinitiv-Endung **-en** eine andere Endung. Die neue Endung passt

- zur handelnden **Person** oder **Sache** (bzw. zu den Personen oder Sachen) und
- zu der **Zeit**, in der etwas geschieht (z. B. Gegenwart oder Vergangenheit).

Wenn etwas **jetzt** geschieht, steht das Verb im **Präsens** (Gegenwartsform).
Beim Verb „sagen“ lauten die Formen des Präsens so:

Singular	**Plural**
1. Person: ich sag<u>e</u>	1. Person: wir sag<u>en</u>
2. Person: du sag<u>st</u>	2. Person: ihr sag<u>t</u>
3. Person: er, sie, es sag<u>t</u>	3. Person: sie sag<u>en</u>

In der 1. und 3. Person Plural sind die Verbformen nicht vom Infinitiv zu unterscheiden.

68 Trage die richtigen Formen des Präsens ein.
Ein Beispiel ist schon gelöst.

a verreisen: Unsere Nachbarn *verreisen*.

b schlafen: Großvater ____________.

c tanzen: Die Partygäste ____________.

d rechnen: Ich ____________.

e bezahlen: Der Kunde ____________.

f erzählen: Unser Lehrer ____________.

g laufen: Ihr ____________.

h arbeiten: Wir ____________.

i telefonieren: Meine Mutter ____________.

j kochen: Die Kinder ____________.

k schwimmen: Du ____________.

l kommen: Der Postbote ____________.

m wehen: Der Wind ____________.

n bremsen: Der Autofahrer ____________.

o schreien: Das Baby ____________.

p passen: Der Mantel ____________.

Zeitform Präsens (2)

Es gibt beim Präsens ein paar **Besonderheiten:**

- Einige Verben **ändern** im Präsens ihren **Stammvokal.** Das gilt vor allem bei Verben, die ein **e** oder ein **a** als Stammvokal haben.

  Beispiele: geben → du gibst   essen → sie isst
  fallen → er fällt   halten → sie hält

- Im Satz trennt sich bei einigen Verben die Vorsilbe ab und wandert ans **Satzende.**

  Beispiele: ankommen → Sie kommt um zehn Uhr an.
  vorlesen → Eine Schülerin liest vor.

- Das Verb **sein** ist im Präsens besonders unregelmäßig:

Singular	**Plural**
1. Person: ich bin	1. Person: wir sind
2. Person: du bist	2. Person: ihr seid
3. Person: er, sie, es ist	3. Person: sie sind

69 Füge in dem folgenden Text die richtigen Verbformen im Präsens ein.

Katzen

Katzen ________ Raubtiere. Sie ________ überall auf	sein / leben
der Erde. Man ________ 30 verschiedene Arten; die	kennen
kleinsten Katzen ________ 35 Zentimeter lang, die	sein
größten fast drei Meter.	
Jede Katze ________ einen kurzen, rundlichen Kopf.	haben
Auf ihren weichen Fußsohlen ________ sie sich ge-	(sich) nähern
räuschlos ihrem Opfer. Dann ________ sie blitzschnell	packen
mit ihren Krallen zu und ________ das überraschte	festhalten
Tier ______. Auch in der Dunkelheit ________ eine	sehen
Katze sehr gut.	
In Deutschland ________ Katzen zu den beliebtesten	zählen
Haustieren. Allerdings ________ es für die meisten Kat-	geben
zenbesitzer ein Problem: Ihre Lieblinge ________ regel-	schärfen
mäßig ihre Krallen. Das ________ sie, indem sie damit _____	tun / kratzen
______. Oftmals ________ sie so die Möbel oder	beschädigen
die Wände. Ein kluger Katzenbesitzer ________ seiner	hinstellen
Katze deshalb einen Kratzbaum ______. Dann ________	schärfen
sie ihre Krallen an dem Stamm.	

Zeitform Präsens (3)

Das Präsens wird auch verwendet, wenn man sagen will, dass etwas **öfter** oder **regelmäßig** geschieht.

Beispiele: Wasser **gefriert** bei 0 Grad Celsius.
Die Erde **dreht** sich um die Sonne.
Babys **schreien** manchmal.

70 Suche aus dem Text über Kaninchen fünf Sätze heraus, die im **Präsens** stehen, weil sie sagen, was Kaninchen **regelmäßig** tun.
Schreibe die Sätze in Kurzform heraus. Unterstreiche jeweils das Verb.

Beispiel: Im Text steht: „Auch unsere Hauskaninchen zeigen noch ein derartiges Verhalten." (Z. 51)
Du schreibst: *Hauskaninchen zeigen ein derartiges Verhalten.*

Richtig schreiben

Der Infinitiv als Schreibhilfe

Auch bei Verben kann es vorkommen, dass man nicht hören kann, welcher Buchstabe an einer bestimmten Stelle geschrieben werden muss. In solchen Fällen solltest du überlegen, wie der Infinitiv heißt – dann kannst du die richtige Schreibweise hören.

- **b** oder **p**, **d** oder **t**, **g** oder **k**?

  Beispiele: er gibt → wegen geben — er hupt → wegen hupen
  er lädt → wegen laden — er rät → wegen raten
  er legt → wegen legen — er hinkt → wegen hinken

- **ä** oder **e**?

  Beispiele: er hält → wegen halten — er bellt → wegen bellen

71 Unterstreiche jeweils die richtige Schreibweise. Trage zur Begründung den Infinitiv in die rechte Spalte ein.

a Das Zwergkaninchen *gefellt/gefällt* vielen Kindern.	______
b Das Wildkaninchen *grebt/gräbt/grept/gräpt* sich eine Höhle.	______
c Dort *lebt/lept* es in einer Großfamilie.	______
d Im Mittelalter *gelangten / gelankten* die Hauskaninchen nach Nordeuropa.	______
e Wenige Tiere *genügten / genükten*, um eine stabile Population zu erreichen.	______
f In der freien Natur *gibt / gipt* es Verhaltensweisen, die das Zusammenleben regeln.	______
g Auch unser Hauskaninchen *zeigt / zeikt* noch ein solches Verhalten.	______
h Beispielsweise *hinterlesst / hinterlässt* es seinen persönlichen Duft, indem es sein Kinn an verschiedenen Gegenständen *reibt / reipt.*	______ ______
i Bei Gefahr *stellt / ställt* sich das Kaninchen auf, um einen besseren Überblick zu haben.	______
j Bei akuter Gefahr *drügt / drükt / drückt* sich das Kaninchen flach auf den Boden und *legt / lekt* die Ohren an.	______ ______
k In der Not *stregt / strekt / streckt / strägt / sträkt / sträckt* es den Kopf nach vorne.	______
l Dann *verteidigt / verteidikt* es sich.	______

Die Endungen -lich und -ig als Schreibhilfe

- Wenn ein Wort mit den Endungen **-ig** oder **-lich** aufhört, handelt es sich in der Regel um ein **Adjektiv**. Das bedeutet: Die Endungen -ig und -lich sind **Kleinschreibsignale**.

  Beispiele: mutig, nötig, lustig, rostig, sonnig, lästig, rüstig
  pünktlich, freundlich, alltäglich, bedenklich, sportlich

- Die Wörter *Käfig*, *König* und *Honig* sind **Ausnahmen**.
  In Zweifelsfällen machst du die **Artikel-Probe:** Wenn sich ein Artikel als Begleiter voranstellen lässt, handelt es sich um ein Nomen: *der Käfig, der König, der Honig.*

72 Im Text findest du einige Adjektive, die am Ende mit **-ig** oder **-lich** geschrieben werden. Unterstreiche diese Wörter und trage sie in die Tabelle ein.

Hinweis: Notiere die Adjektive in der Grundform, z. B. ein **derartiges** Verhalten → **derartig**.

Adjektive mit -ig	Adjektive mit -lich

73 Was steht am Wortende: **-ig** oder **-lich**? Ergänze die richtige Endung.

wicht____, vielseit____, fürchter____, bedauer____, gelenk____, bedürft____,

lächer____, köst____, länd____, wind____, wirk____, kräft____, pein____,

gründ____, fleiß____, rein____, wunder____, bedenk____, durst____, zier____,

fert____, unmög____, bärt____, läst____, männ____, eis____, lust____, fried____

Das Stammwort als Schreibhilfe

- Wörter mit der Endung **-ig** oder **-lich** sind meist von einem anderen Wort abgeleitet. Als **Stammwörter** kommen **Nomen**, **Verben** und **Adjektive** infrage.
  Beispiele: Mut → mutig; hassen → gehässig; reich → reichlich
- Überlege, wie das **Stammwort** lautet. Dann weißt du sofort, wie „kritische Stellen" geschrieben werden (z. B. **e** oder **ä**? **d** oder **t**?).
  Beispiele: ängstlich → wegen Angst
  friedlich → wegen Frieden
- Manchmal besteht Verwechslungsgefahr zwischen den Endungen **-lig** und **-lich**. Bei Wörtern mit **-lig** gehört das **l** zum **Stammwort**. Bei Wörtern mit **-lich** endet das Stammwort **nicht** auf **l**.
  Beispiele: Heil → heilig Adel → ad(e)lig
  Freund → freundlich Herz → herzlich

74 Überlege, wie das Stammwort heißt. Streiche die falsche Schreibweise durch und schreibe das Stammwort in die rechte Spalte.

	Stammwort
gefährlich / gefehrlich	
mächtig / mechtig	
vergässlich / vergesslich	
lächerlich / lecherlich	
erträglich / ertreglich	
kindlich / kintlich	
tatsächlich / tatsechlich	
zufällig / zufellig	
ährlich / ehrlich	
endlich / entlich	
verächtlich / verechtlich	

75 a Drei der folgenden Wörter sind falsch geschrieben. Streiche sie durch.

schrecklich, möglich, künstlich, ängstlich, nebelich, gemütlich, feindlich, lieblich, eklich, mündlich, zufällich, kläglich, niedlich, ländlich, reinlich

b Erkläre die richtige Schreibweise der fehlerhaften Wörter, indem du die Lücken passend ausfüllst.

- Man schreibt ______________, weil das zugehörige Nomen ______________ heißt. (______________ + ig → ______________)
- Man schreibt ______________, weil das zugehörige Nomen ______________ heißt. (______________ + ig → ______________)
- Man schreibt ______________, weil das zugehörige Nomen ______________ heißt. (______________ + ig → ______________)

76 Wandle die folgenden Nomen in Adjektive um, indem du die Endung -ig oder -lich hinzufügst. (Vergiss nicht, dass Adjektive kleingeschrieben werden!)

Hinweis: Bei einigen Wörtern musst du einen Buchstaben weglassen oder einen Vokal (a, o, u) durch den entsprechenden Umlaut (ä, ö, ü) ersetzen.

Farbe + ig	→	______________	Verdacht + ig	→	______________
Verstand + lich	→	______________	Geiz + ig	→	______________
Falte + ig	→	______________	Rost + ig	→	______________
Wasser + ig	→	______________	Hast + ig	→	______________
Knoten + ig	→	______________	Erbarmen + lich	→	______________
Jammer + lich	→	______________	Stunde + lich	→	______________
Ecke + ig	→	______________	Not + ig	→	______________
Riss + ig	→	______________	König + lich	→	______________
Punkt + lich	→	______________	Hof + lich	→	______________
Dreck + ig	→	______________	Stachel + ig	→	______________

Sich schriftlich äußern

Eine Stichwortsammlung erstellen

Wenn du aus einem Sachtext etwas lernen willst, solltest du die **wichtigsten Informationen** in Form von **Stichworten** herausschreiben. Gehe dabei so vor:

- **Verkürze** die Sätze. Streiche Wörter, die für das Verständnis nicht unbedingt nötig sind, z. B. Artikel. Bei Verben verwendest du den **Infinitiv**. Manchmal kannst du Verben auch ganz weglassen.
- Schreibe deine Stichworte **übersichtlich** auf. Notiere sie **untereinander**. Beginne also immer dann eine **neue Zeile**, wenn eine **neue Information** kommt. Stelle jedem neuen Stichwort einen **Spiegelstrich** (–) voran.
- **Gruppiere** die Stichworte. Überlege, welche Notizen **inhaltlich zusammengehören** und kennzeichne sie entsprechend, z. B. mit den gleichen Buchstaben. Formuliere dann für jede Stichwortgruppe eine passende **Überschrift**.
- **Ordne** die Stichwortgruppen sinnvoll an. Dazu musst du sie in einer passenden **Reihenfolge** auf ein neues Blatt übertragen. Beginne mit den Informationen, die **allgemein** sind, und ergänze danach die verschiedenen **Einzelheiten**. Stelle jeder Stichwortgruppe die Überschrift voran.

Damit du eine Vorstellung davon bekommst, wie das aussehen kann, erhältst du die Hinweise aus dem Merkkasten noch einmal in Form von **Stichworten:**

<u>Eine Stichwortsammlung erstellen</u>

A. Sätze verkürzen
   – unnötige Wörter weglassen (z. B. Artikel)
   – bei Verben Infinitiv verwenden (evtl. Verben weglassen)

B. Stichworte notieren
   – Notizen untereinander schreiben
   – jeweils Spiegelstrich voranstellen

C. Stichworte gruppieren
   – Zusammengehöriges entsprechend kennzeichnen (z. B. mit Buchstaben)
   – Überschriften zu Stichwortgruppen formulieren

D. Stichwortgruppen anordnen
   – Stichworte auf neues Blatt übertragen
   – passende Reihenfolge festlegen (erst allgemeine Infos, dann Einzelheiten)
   – jeder Stichwortgruppe Überschrift voranstellen

77 Fertige zu dem Sachtext über **Kaninchen** eine Stichwortsammlung an. Orientiere dich an den Verfahrenshinweisen im Merkkasten. Schreibe die geordnete Stichwortsammlung zum Schluss sauber in dein → Heft.

Kapitel 4: Axel und die Freude

Axel rannte nach Hause. Susi hatte auf dem Schulhof mit ihm geredet. Erwin hatte ihn in seine Mannschaft gewählt. Beim Lesen hatte er nicht ein einziges Mal den Faden verloren und die Lehrerin hatte sein Piratenbild in der Klasse aufgehängt.

Axel läutete Sturm.

Die Mutter öffnete die Tür mit dem Ellbogen. Ihre Finger waren schwarz.

„Mama, ich muss dir was erzählen!"

„Moment", sagte sie, „ich muss erst das Farbband wechseln, das ist total verheddert. Und dann muss ich die Seite fertig schreiben, sonst vergesse ich, wie's weitergeht."

Axel riss die Tür zum Zimmer seiner Schwester auf.

„Hanna, ich muss dir was erzählen!"

Hanna hatte die Kopfhörer auf, wippte mit den Beinen und schnippte mit den Fingern. Sie scheuchte Axel weg, ohne die Kopfhörer abzunehmen. Axel ging in das Zimmer, das er mit seinem großen Bruder David teilte. David war nicht da. Axel ging ihn suchen. Er fand ihn im Wohnzimmer, den Telefonhörer in der Hand. David deutete nur stumm auf die Tür.

Axel spürte, wie seine Freude immer weniger wurde. Dann war sie gar nicht mehr da. Als die Mutter eine halbe Stunde später in sein Zimmer kam, hatte Axel nichts mehr zu erzählen.

Der nächste Tag war einer von diesen ganz gewöhnlichen, wo überhaupt nichts passiert, ein Tag, der einfach vor sich hin trottet und nirgends ankommt.

Aber am Donnerstag schaffte es Axel, an den langen, glatten Stangen hochzuklettern, fast bis unter die Turnsaaldecke. Bisher war er immer nach dem zweiten Klimmzug runtergerutscht und Susi und Erwin hatten ihn ausgelacht. Axel freute sich und diesmal würde er seine Freude nicht weniger werden lassen. Diesmal würde er gut aufpassen auf sie.

Er trug sie vorsichtig nach Hause. Dort legte er sich mit ihr auf sein Bett und stopfte die Decke um sie beide, seine Freude und sich.

„Axel!", rief die Mutter. Er stand auf. Am Abend, dachte er, werde ich mich wieder an meine Freude ankuscheln und das wird sehr schön sein. Ich erzähl' niemand von ihr, ich behalt' sie ganz für mich allein. Er breitete die Decke über sie und machte die Zimmertür fest zu. Den ganzen Nachmittag lang freute er sich auf seine Freude. Aber als er abends ins Bett stieg, war sie nicht mehr da, einfach weg, wie gestorben.

Eine Woche verging. Wenn Axel eine kleine Freude spürte, zog er schnell die Mundwinkel herunter. Er hatte Angst vor der Freude. Er wollte nicht wieder erleben, wie sie immer weniger wurde. Es war eine langweilige Woche.

Dann kam der Tag, an dem Susi Axel geheimnisvoll einen Brief zusteckte und sagte: „Erst nach der Schule lesen." In der letzten Stunde flog ein kleiner blauer Schmetterling ins Klassenzimmer, flatterte vor der Tafel hin und her, tanzte über den Köpfen der Kinder, die ganz still saßen, landete auf dem Wiesenblumenstrauß und ließ sich dann von einem Luftzug wieder aus dem Fenster tragen.

Axel guckte ihm nach und spürte ein Kribbeln im Bauch.

Nach der Schule ging er bis zur Kreuzung mit den anderen und Heiner rempelte ihn kein einziges Mal an und stieß ihn auch nicht von der Gehsteigkante. Als die anderen um die Ecke verschwunden waren, lehnte sich Axel an eine Hausmauer und zog den Brief aus der Tasche.

„Für meinen Freund Axel", stand auf dem Briefumschlag. Axel riss ihn auf und drinnen war eine weiße Karte mit einem Clown draufgemalt. „Ich lade dich zu meinem Geburtstagsfest ein", hatte Susi geschrieben. „Komm bestimmt."

Das Freudekribbeln in Axel wurde stärker und stärker, das ließ sich genauso wenig zurückhalten wie ein heftiges Niesen. An Mundwinkelherunterziehen war nicht mehr zu denken.

Axel sprang auf, hüpfte die Straße hinunter und als ihm eine alte Frau entgegenkam, lachte er sie an. Die alte Frau freute sich und ihre Freude und Axels Freude schlugen Purzelbäume miteinander. Als Nächster bekam ein streng blickender Mann ein Stück Freude, dann ein kleines Mädchen, dann ein eiliger Briefträger, ein humpelnder Mann, ein weinender Junge, schließlich sogar ein schimpfender Autofahrer. Und dabei wuchs Axels Freude ständig.

Als seine Mutter die Tür öffnete, war er so zum Platzen voll mit Freude, dass er von einem Fuß auf den anderen hüpfen musste. „Wenn du aufs Klo musst, dann geh doch“, sagte sie.

An jedem anderen Tag wäre Axels Freude jetzt kleiner geworden. Aber heute schlang er der Mutter die Arme um den Hals und gab ihr einen dicken Kuss und ein großes Stück von seiner Freude dazu. Axels Freude erreichte sogar Hanna unter ihren Kopfhörern. Mit David am Telefon hatte sie Schwierigkeiten, da musste sie warten, bis er einmal kurz den Hörer weglegte. Als der Vater nach Hause kam, überfiel ihn Axel mit seiner Freude und steckte ihn an.

Ziemlich spät am Abend schlüpfte Axel mit seiner Freude unter seine Decke. Da war die Freude, warm und weich. Er kuschelte sich hinein und überlegte: Was schenk’ ich Susi zum Geburtstag?

Und seine Freude wuchs immer noch.

Textsorten kennen

Die Erzählung

Mit dem Wort „Erzählung" bezeichnet man alle Texte, mit denen eine **Geschichte** erzählt wird. Es soll dem Leser Vergnügen bereiten, eine Erzählung zu lesen. Deshalb gibt es bei vielen Erzählungen einige **Besonderheiten:**

- Der Verfasser verwendet keine „langweiligen" Wörter, sondern er bemüht sich z. B. darum, **treffende Verben** zu benutzen.
- Außerdem gibt es in Erzählungen hin und wieder **wörtliche Rede**; dadurch wirkt die Darstellung **lebendig**.
- Für die Lebendigkeit sorgen manchmal auch **sprachliche Bilder**.

  Beispiel: Die alte Frau freute sich und ihre Freude und Axels Freude schlugen Purzelbäume miteinander. *(Das ist natürlich nicht wirklich passiert; mit dem Bild wird ausgedrückt, dass sich Axel und die Frau sehr gefreut haben.)*
- Wichtig ist bei einer Erzählung auch, dass die **Spannung** allmählich **steigt**, damit der Leser neugierig wird und unbedingt weiterlesen will. Erst ganz am Schluss wird klar, wie die Handlung endet. Sie kann ein gutes oder ein schlechtes Ende nehmen.

78 Was für eine Geschichte wird in der Erzählung „Axel und die Freude" erzählt? Schreibe zwei Sätze zum Inhalt auf.

____

____

____

79 Welche Verben werden in der Erzählung verwendet? Tausche die „langweiligen" Ausdrücke durch treffende Verben aus. Du findest sie im Text.

a Axel ging nach Hause.

____

b Axel öffnete die Tür zum Zimmer seiner Schwester.

____

c Hanna bewegte ihre Finger.

____

d Sie schickte Axel weg.

____

e Susi gab Axel einen Brief.

______

f Axel machte den Brief auf.

______

g Ziemlich spät am Abend ging Axel ins Bett.

______

h Seine Freude wurde größer.

______

Den Text verstehen

80 An welchem Wochentag freut Axel sich zum ersten Mal?

______

81 Worüber freut Axel sich beim ersten Mal? Nenne die Gründe.

Er hat sich gefreut, weil …

- … ______.
- … ______.
- … ______.
- … ______.

82 Wie zeigt Axel seine Freude beim ersten Mal? Schreibe zwei Sätze heraus, an denen man erkennt, dass er sich freut.

______

______

83 Weshalb ist Axels Freude nach einer Weile „gar nicht mehr da“ (Z. 18 f.)? Schreibe auf, wodurch sie nach und nach verschwindet.

______

______

84 Woran merkt man, dass die Mutter doch wissen will, was Axel ihr zu erzählen hat?

____

85 Am nächsten Tag freut Axel sich gar nicht. Warum nicht?

____

86 Worüber freut Axel sich am Donnerstag? Beende den Satz.

Er freut sich darüber, dass ______________________________

______________________________.

87 Was will Axel diesmal **nicht** tun? Schreibe als Antwort einen kurzen Satz.

____

88 Was meint die Mutter, als sie sagt: „Axel!" (Z. 30) Erkläre.

____

____

89 Warum hat Axel auf einmal Angst davor, sich zu freuen? Nenne den Grund.

____

____

90 Wie zeigt Axel in der darauffolgenden Woche, dass er sich **nicht** freuen will?

____

91 Worüber freut er sich eines Tages so sehr, dass er seine Freude nicht mehr zurückhalten kann? Kreuze an, was der **Hauptgrund** ist.

- ☐ Das Wetter draußen ist richtig schön.
- ☐ Ein Schmetterling flattert ins Klassenzimmer.
- ☐ Eine Klassenkameradin gibt ihm einen Brief.
- ☐ Er wird auf dem Heimweg nicht geärgert.

92 Woran merkt Axel, dass Susi ihn mag?

____

____

93 *Das Freudekribbeln in Axel wurde stärker und stärker, das ließ sich genauso wenig zurückhalten wie ein heftiges Niesen.* (Z. 53 f.)

Erkläre, was damit gemeint ist.

____

____

94 Wen steckt Axel auf dem Heimweg mit seiner Freude an? Nenne die Personen.

- ▶ ____________________ ▶ ____________________
- ▶ ____________________ ▶ ____________________
- ▶ ____________________ ▶ ____________________
- ▶ ____________________

95 Als Axel zu Hause ankommt, versteht seine Mutter zuerst gar nicht, dass er sich freut. Was denkt sie stattdessen?

____

96 Warum verschwindet die Freude diesmal nicht? Erkläre.

____

97 Was könnte Axel seinem Vater am Abend erzählt haben? Schreibe auf, wie er ihn mit seiner Freude „überfällt“ (→ Heft). Verwende ungefähr 50 Wörter.

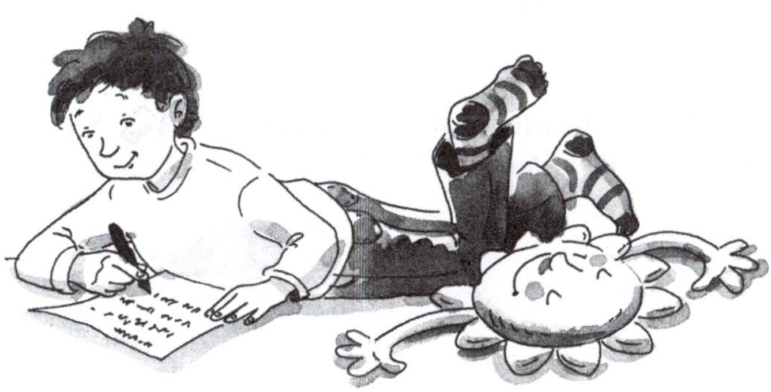

Die Sprache untersuchen

Wörtliche Rede (1)

- Mit der wörtlichen Rede gibt man **Wort für Wort** wieder, was jemand **gesagt** oder **gedacht** hat. Sie besteht aus genau den Worten, die jemand mündlich oder schriftlich geäußert hat.
- Man kennzeichnet die wörtliche Rede mit **Anführungszeichen** („Gänsefüßchen"). Diese zeigen, wo die wörtliche Rede **beginnt** und wo sie **endet**.
- Meist steht bei der wörtlichen Rede ein **Begleitsatz**. Mit ihm wird gesagt, **wer** die Worte gesprochen hat. Der Begleitsatz kann an unterschiedlichen Stellen stehen.
  - **vor** der wörtlichen Rede:
    Beispiel: Ingo sagte zu seiner Mutter: „Stell dir vor, ich habe eine Eins in Mathe."
  - **nach** der wörtlichen Rede:
    Beispiel: „Stell dir vor, ich habe eine Eins in Mathe", sagte Ingo zu seiner Mutter.
  - **mitten in** der wörtlichen Rede:
    Beispiel: „Stell dir vor", sagte Ingo zu seiner Mutter, „ich habe eine Eins in Mathe."

  Am häufigsten steht der Begleitsatz vor oder nach der wörtlichen Rede.

98 Unterstreiche in der Erzählung alle Textstellen, die als wörtliche Rede gekennzeichnet sind. Beantworte danach die folgenden Fragen.

a Wie oft kommt im Text wörtliche Rede vor?

- ☐ selten
- ☐ manchmal
- ☐ häufig

b Wo kommt die wörtliche Rede vor?

- ☐ in den ersten Absätzen
- ☐ in den mittleren Absätzen
- ☐ in den letzten Absätzen
- ☐ in verschiedenen Absätzen
- ☐ in allen Absätzen

99 Bei zwei Textstellen mit wörtlicher Rede fehlt der Begleitsatz. Schreibe die wörtliche Rede heraus und ergänze jeweils einen passenden Begleitsatz.

____

____

Wörtliche Rede (2)

- Man sollte für die wörtliche Rede **interessante Worte** auswählen. Es klingt langweilig und uninteressant, wenn man nur solche Äußerungen liest: „Guten Tag." – „Wie geht es dir?" – „Auf Wiedersehen."
- Wörtliche Rede klingt auch dann langweilig, wenn der Begleitsatz immer vorn steht. Deshalb sollte man den **Begleitsatz** auch mal **nach** der wörtlichen Rede platzieren.

100 Überarbeite im folgenden Text die unterstrichenen Textstellen.

- Ersetze die „langweiligen" Worte durch interessante Äußerungen. Denke dir aus, was die betreffende Person sagen könnte.
- Lass die Begleitsätze öfter mal nach der wörtlichen Rede folgen.

a Eines Tages hatte Axel in der Schule so viel Schönes erlebt, dass er voller Freude nach Hause lief. Er konnte es gar nicht abwarten, seiner Mutter davon zu erzählen. Deshalb klingelte er Sturm. Die Mutter öffnete die Tür. Axel rief: „Hallo, Mutter!"

____

b Er wollte ihr von all dem Schönen erzählen, das er erlebt hatte. Aber die Mutter hatte keine Zeit. Sie hatte ein Problem mit ihrer Schreibmaschine und wollte das erst beheben. Sie antwortete nur kurz: „Hallo, Axel."

____

c Dann kehrte sie in ihr Zimmer zurück. Axel ging nun zu seiner Schwester ins Zimmer. Er strahlte sie an: „Guten Tag, Hanna!"

____

d Aber sie hörte ihn gar nicht, denn sie hatte ihre Kopfhörer auf. Als er ihr erzählen wollte, was er in der Schule erlebt hatte, schickte sie ihn einfach weg. Sie brummte: „Geh weg!"

____

e Da versuchte Axel es bei seinem Bruder. Der saß gerade im Wohnzimmer und telefonierte. Axel sprach: „Guten Tag, David."

____

f David legte kurz den Hörer weg. Er murmelte: „Guten Tag, Kleiner." Aber dann telefonierte er weiter. Axel war enttäuscht und vergaß seine Freude.

____

Wörtliche Rede (3)

Auch den **Begleitsatz** sollte man abwechslungsreich gestalten. Viele Verben sind **lebendiger** und **treffender als** das Verb **sagen**.

101 Wie spricht jemand? Ordne die folgenden Verben entsprechend zu.

Hinweis: Einige Verben kann man unterschiedlich zuordnen. Beim Verb „befehlen“ könnte z. B. *laut*, *unfreundlich* oder *sicher/deutlich* gesprochen werden. Wähle dann die Rubrik, die dir am passendsten erscheint.

anmerken, antworten, äußern, befehlen, behaupten, bemerken, bestätigen, bitten, blubbern, brüllen, brummen, drängen, drohen, (sich) empören, entgegnen, ergänzen, erklären, erwidern, flüstern, fordern, forschen, fragen, hinzufügen, höhnen, jammern, klagen, kommandieren, kritisieren, lachen, lästern, loben, meckern, meinen, murmeln, nuscheln, protestieren, reden, rufen, scherzen, schimpfen, schreien, schwatzen, stammeln, stottern, tadeln, toben, verlangen, vermuten, versichern, vorschlagen, widersprechen, wispern, zanken, zischen, zürnen, zustimmen

eher leise	eher laut
eher freundlich	**eher unfreundlich**
eher sicher/deutlich	**eher unsicher/undeutlich**
eher gut gelaunt	**eher schlecht gelaunt**
neutral	

Treffende Wörter verwenden

Außer dem Verb **sagen** gibt es noch andere Verben, die man häufig hört, weil sie fast immer passen. Dazu gehören die Verben **machen** und **gehen**. Solche Verben sind aber nicht nur unschön, sondern auch ungenau. Deshalb sollte man sie möglichst vermeiden.

Beispiele: Essen machen → Essen kochen
Ärger machen → Ärger bereiten
durchs Einkaufszentrum gehen → durchs Einkaufszentrum schlendern

102 Welche Formulierungen passen besser? Ersetze die ungenauen Formulierungen durch treffende.

aufbrechen, bereiten, einkaufen, erledigen, kämmen, nachdenken, öffnen, spielen, teilnehmen, verdienen, (sich) verschulden, vorschlagen, wischen

a das Fenster aufmachen → das Fenster ____________
b mitmachen → ____________
c einen Vorschlag machen → ____________
d sich auf den Weg machen → ____________
e den Fußboden sauber machen → den Fußboden ____________
f sich Gedanken machen → ____________
g seine Hausaufgaben machen → seine Hausaufgaben ____________
h Schulden machen → ____________
i ein Spiel machen → ____________
j Einkäufe machen → ____________
k das große Geld machen → viel Geld ____________
l jemandem eine Freude machen → jemandem eine Freude ____________
m sich die Haare machen → sich ____________

Wortfelder (1)

- Wenn mehrere Wörter eine **ähnliche Bedeutung** haben, bilden sie ein **Wortfeld**. Alle Wörter aus einem Wortfeld gehören zur selben Wortart, z. B. zu den Verben.
  Beispiel: gehen: schlendern, laufen, marschieren, wandern, spazieren, schleichen …
- Wörter, die zu einem Wortfeld gehören, sind von der Bedeutung her zwar **nicht** unbedingt **gleich**. Trotzdem bilden sie vom Sinn her eine Gruppe.
  Beispiel: Alle Verben aus dem Wortfeld „gehen" drücken aus, dass eine Person in Bewegung ist, und zwar auf ihren zwei Beinen.
- Das Wort, das dem Wortfeld den Namen gibt, ist sehr **allgemein**. Andere Wörter aus dem Wortfeld sind meist **genauer**.

103 Überlege, welche Verben du verwenden kannst, um auszudrücken, wie eine Person „geht". Trage sie passend in die Tabelle ein.

langsam gehen	schnell gehen	leise gehen	laut gehen

Wortfelder (2)

- Nicht nur Verben können als Gruppe ein Wortfeld bilden, sondern auch **Nomen**.
- Das Nomen, das dem Wortfeld den Namen gibt, ist meistens **neutral**. Mit anderen Wörtern kann dagegen eine (positive oder negative) **Bewertung** verbunden sein.
  Beispiel: Frau (neutral): Dame (positiv), Lady (positiv), Weib (eher negativ), Schrulle (negativ), Drachen (sehr negativ) …

104 Sammle Wörter aus dem Wortfeld **Haus**. Kennzeichne alle Wörter, die eine Bewertung erkennen lassen, mit + oder –.

Haus			
Villa (+)			
Schuppen (-)			

Satzarten

Es gibt drei Arten von Sätzen:

- Mit **Aussagesätzen** sagt man aus, was der Fall ist (oder so angesehen werden soll). Man beendet sie mit einem **Punkt**. (Wenn die Worte **gerufen** werden, beendet man den Satz mit einem **Ausrufezeichen**.)
  Beispiele: Es regnet. – Meine Oma wohnt in Augsburg. – Das Essen schmeckt gut.
- Mit **Fragesätzen** drückt man aus, dass man etwas wissen will; man stellt Fragen. Sie werden mit einem **Fragezeichen** beendet.
  Beispiele: Wo war die Demonstration? – Kommst du mit ins Kino? – Wer hat gerufen?
- Mit **Aufforderungs-** oder **Befehlssätzen** sagt man jemandem, was er tun soll. Man beendet sie mit einem **Ausrufezeichen**. (Wenn eine Aufforderung **nicht besonders dringend** klingen soll, kann man am Ende auch einen **Punkt** setzen.)
  Beispiele: Schreib mal wieder! – Helft mir doch! – Seid leise! *(dringend)*
  Gib mir mal den Zucker. – Komm einfach vorbei. *(nicht dringend)*

105 Setze die richtigen Satzschlusszeichen.

a Lass mich endlich in Ruhe

b Susi hat mich zum Geburtstag eingeladen

c Kannst du mir mal helfen

d Morgen schreiben wir eine Englischarbeit

e Ich habe jetzt keine Zeit

f Warum muss meine Mutter so viel arbeiten

g Hat jemand mein Federmäppchen gesehen

h Da fliegt ein Schmetterling

i Schubs mich nicht dauernd

j Schau mal, wie Axel die Stangen hochklettert

k Meine Tintenpatrone ist leer

l Was kann ich Susi zum Geburtstag schenken

m In diesem Jahr hat es ziemlich oft geregnet

n Pass auf, ein Auto kommt

Richtig schreiben

Die Zeichensetzung bei der wörtlichen Rede

- Für die Kennzeichnung der wörtlichen Rede verwendest du **Anführungszeichen** – einmal zu **Beginn** der gesprochenen Worte und einmal am **Ende**.
- Wenn der **Begleitsatz vorne** steht, beendest du ihn mit einem **Doppelpunkt**; danach beginnt die wörtliche Rede. Folgt der Begleitsatz **nach der wörtlichen Rede**, trennt man ihn mit einem **Komma** ab. Nach dem **Komma** schreibt man **klein** weiter.
- Am Schluss der wörtlichen Rede steht jeweils das Satzzeichen, das zu der Äußerung passt: ein **Punkt** bei Aussagesätzen, ein **Fragezeichen** bei Fragesätzen und ein **Ausrufezeichen** bei Ausrufe- oder Befehlssätzen.
  Ausnahme: Der Punkt entfällt, wenn der **Begleitsatz folgt**.

Am besten orientierst du dich an diesem Schema:

- **Begleitsatz vor der wörtlichen Rede**
  Aussage → Axel sagte: „Ich habe etwas Schönes erlebt."
  Frage → Axel fragte: „Warum hört mir niemand zu?"
  Ausruf → Axel rief: „Hört mir doch endlich mal zu!"
- **Begleitsatz nach der wörtlichen Rede**
  Aussage → „Ich möchte euch etwas erzählen", sagte Axel.
  Frage → „Wo ist David?", fragte Axel.
  Ausruf → „Lass mich in Ruhe telefonieren!", rief David.

106 Finde in den Beispielsätzen die Stelle, an welcher der Punkt am Ende des Aussagesatzes entfallen ist, und kreise sie ein.

107 Finde zu jedem Typ der wörtlichen Rede ein eigenes Beispiel. Denke dir etwas aus.

a Begleitsatz **vor** der wörtlichen Rede

Aussage: ______________________________

Frage: ______________________________

Ausruf: ______________________________

b Begleitsatz **nach** der wörtlichen Rede

Aussage: ______________________________

Frage: ______________________________

Ausruf: ______________________________

108 Unterstreiche im folgenden Text alle Worte, die gesprochen oder gedacht werden. Schreibe dann die Geschichte ab (→ Heft) und ergänze die fehlenden Satzzeichen. Korrigiere, wenn nötig, auch die Groß- und Kleinschreibung.

Stefan sitzt in der Bank neben Melanie. Alle anderen Jungen sitzen neben Jungen. Nur Stefan sitzt neben einem Mädchen. Er sitzt gern neben Melanie.
Die Jungen hänseln Stefan und Melanie. Auch die Mädchen hänseln sie. Sie sagen Stefan ist verliebt in Melanie! Oder sie sagen Melanie ist verliebt in Stefan. Stefan wird dann rot, und auch Melanie wird rot.
Sie trauen sich nicht mehr miteinander zu sprechen. Am liebsten möchte Stefan nicht mehr neben Melanie sitzen, obwohl er sie mag.
Woher wissen die, dass ich in Melanie verliebt bin denkt Stefan.
Er selbst weiß nicht, ob er verliebt ist.
Er weiß überhaupt nicht, was Verliebtsein ist.
Er fragt seine Mutter wie ist das, wenn man verliebt ist? Es kribbelt im Bauch und rumort in der Herzgegend herum sagt sie. Mich sticht es in die Seite sagt Stefan. Das kommt nicht von der Liebe, das kommt vom Fußballspielen sagt die Mutter.

Sich schriftlich äußern

Eine Nacherzählung schreiben

- Bei einer Nacherzählung kommt es darauf an, dass man den Inhalt einer Erzählung **lebendig** und **anschaulich** wiedergibt. Das bedeutet: Man sollte **treffende Wörter** verwenden – und man sollte hin und wieder auch **wörtliche Rede** einfügen.
- Eine Nacherzählung muss zu der Originalerzählung passen. Das heißt aber nicht, dass man möglichst viele Textstellen auswendig lernen soll, um sie genauso aufschreiben zu können. Im Gegenteil: Versuche unbedingt, **eigene Worte** zu verwenden. Die Nacherzählung soll ein **neuer Text** werden. Deshalb kannst du an einzelnen Stellen auch **etwas hinzuerfinden** – z. B. das, was eine Person denkt oder sagt.
- Den Inhalt darf man dabei aber **nicht verfälschen**. Deshalb ist es schon wichtig, dass man sich genau an die einzelnen Ereignisse erinnert, die im Originaltext stehen.
- Am besten notierst du dir als Erstes ein paar **Stichworte** zum Handlungsablauf. Mithilfe der Stichworte kannst du die Nacherzählung dann frei gestalten.

109 Schreibe eine Nacherzählung zu der Erzählung „Axel und die Freude“.

a Lies die Geschichte noch einmal Abschnitt für Abschnitt durch und fertige zu jedem Handlungsschritt Stichworte an. Verwende dafür die Tabelle.

Was war der Grund?	Wer tat was?	Was war das Ziel?
hatte in der Schule viel Schönes erlebt	Axel rannte nach Hause.	wollte seine Freude mitteilen
war aufgeregt und ungeduldig	Axel läutete Sturm.	wollte seiner Mutter schnell alles erzählen

Hinweis: Die **mittlere Spalte** ist die entscheidende. Dort trägst du die einzelnen **Schritte der Handlung** ein. Die linke und die rechte Spalte müssen nicht immer ausgefüllt werden. Versuche aber möglichst oft, auch dort Stichworte einzutragen. Dadurch bekommst du Ideen, wie du deine Nacherzählung anschaulich gestalten kannst.

b Schreibe nun deine Nacherzählung (→ Heft). Orientiere dich an deinen Stichworten. Schreibe etwa 250 Wörter.

Kapitel 5: Die drei Federn

Es war einmal ein König, der hatte drei Söhne, davon waren zwei klug und gescheit, aber der dritte sprach nicht viel, war einfältig und hieß nur der „Dummling“. Als der König alt und schwach ward und an sein Ende dachte, wusste er nicht, welcher von seinen Söhnen nach ihm das Reich erben sollte. Da sprach er zu ihnen: „Ziehet aus, und wer mir den feinsten Teppich bringt, der soll nach meinem Tod König sein.“ Und damit es keinen Streit unter ihnen gab, führte er sie vor sein Schloss, blies drei Federn in die Luft und sprach: „Wie die fliegen, so sollt ihr ziehen.“ Die eine Feder flog nach Osten, die andere nach Westen, die dritte flog aber geradeaus und flog nicht weit, sondern fiel bald zur Erde. Nun ging der eine Bruder rechts, der andere ging links, und sie lachten den Dummling aus, der bei der dritten Feder, da, wo sie niedergefallen war, bleiben musste.

Der Dummling setzte sich nieder und war traurig. Da bemerkte er auf einmal, dass neben der Feder eine Falltür lag. Er hob sie in die Höhe, fand eine Treppe und stieg hinab. Da kam er vor eine andere Tür und klopfte an.

Die Tür tat sich auf, und er sah eine große, dicke Kröte sitzen und rings um sie eine Menge kleiner Kröten. Die dicke Kröte fragte, was sein Begehren wäre. Er antwortete: „Ich hätte gerne den schönsten und feinsten Teppich.“ Da rief sie eine junge Kröte und sprach:

„Jungfer grün und klein,
Hutzelbein,
Hutzelbeins Hündchen,
Hutzel hin und her,
Bring mir die große Schachtel her.“

Die junge Kröte holte die Schachtel, und die dicke Kröte machte sie auf und gab dem Dummling einen Teppich daraus, so schön und so fein, wie oben auf der Erde keiner konnte gewebt werden. Da dankte er ihr und stieg wieder hinauf.

Die beiden andern hatten aber ihren jüngsten Bruder für so albern gehalten, dass sie glaubten, er würde gar nichts finden und mitbringen. Sie nahmen dem ersten besten Schäfersweib, das ihnen begegnete, die groben Tücher vom Leib und trugen sie dem König heim. Zu derselben Zeit kam auch der Dummling zurück und brachte seinen schönen Teppich, und als der König den sah, erstaunte er und sprach: „Wenn es dem Recht nach gehen soll, so gehört dem Jüngsten das Königreich.“ Aber die zwei andern ließen dem Vater keine Ruhe und sprachen, unmöglich könnte der Dummling, dem es in allen Dingen an Verstand fehlte, König werden, und baten ihn, er möchte eine neue Bedingung stellen. Da sagte der Vater: „Der soll das Reich erben, der mir den schönsten Ring bringt." Er führte die drei Brüder hinaus und blies drei Federn in die Luft, denen sie nachgehen sollten. Die zwei Ältesten zogen wieder nach Osten und Westen, und für den Dummling flog die Feder geradeaus und fiel neben der Erdtüre nieder. Da stieg er wieder hinab zu der dicken Kröte und sagte ihr, dass er den schönsten Ring brauchte. Sie ließ sich gleich ihre große Schachtel holen und gab ihm daraus einen Ring, der glänzte von Edelsteinen und war so schön, dass ihn kein Goldschmied auf der Erde hätte machen können. Die zwei Ältesten lachten über den Dummling, der einen goldenen Ring suchen wollte, gaben sich gar keine Mühe, sondern schlugen einem alten Wagenring die Nägel aus und brachten ihn dem König. Als aber der Dummling seinen goldenen Ring vorzeigte, so sprach der Vater abermals: „Ihm gehört das Reich." Die zwei Ältesten ließen nicht ab, den König zu quälen, bis er noch eine dritte Bedingung stellte und den Ausspruch tat, der sollte das Reich haben, der die schönste Frau heimbrächte. Die drei Federn blies er nochmals in die Luft, und sie flogen wie die vorigen Male.

Da ging der Dummling ohne Weiteres hinab zu der dicken Kröte und sprach: „Ich soll die schönste Frau heimbringen." – „Ei", antwortete die Kröte, „die schönste Frau! Die ist nicht gleich zur Hand, aber du sollst sie doch haben." Sie gab ihm eine ausgehöhlte gelbe Rübe, mit sechs Mäuschen bespannt. Da sprach der Dummling ganz traurig: „Was soll ich damit anfangen?" Die Kröte antwortete: „Setze nur eine von meinen kleinen Kröten hinein." Da griff er aufs Geratewohl eine aus dem Kreis und setzte sie in die gelbe Kutsche.

Kaum saß sie darin, da wurde sie zu einem wunderschönen Fräulein, die Rübe zur Kutsche und die sechs Mäuschen zu Pferden. Da küsste er sie, jagte mit seinen Pferden davon und brachte sie zu dem König. Seine Brüder kamen auch, die hatten sich gar keine Mühe gegeben, eine schöne Frau zu suchen, sondern die erstbesten Bauernweiber mitgenommen. Als der König sie erblickte, sprach er: „Dem Jüngsten gehört das Reich nach meinem Tod." Aber die zwei Ältesten betäubten die Ohren des Königs aufs Neue mit ihrem Geschrei: „Wir können nicht zulassen, dass der Dummling König wird." Und sie verlangten, der sollte den Vorzug haben, dessen Frau durch einen Ring springen könnte, der da mitten in dem Saal hing. Sie dachten: „Die Bauernweiber können das wohl, die sind stark genug, aber das zarte Fräulein springt sich tot." Der alte König gab das auch noch zu. Da sprangen die zwei Bauernweiber, sprangen auch durch den Ring, waren aber so plump, dass sie fielen und ihre groben Arme und Beine entzwei brachen. Darauf sprang das schöne Fräulein, das der Dummling mitgebracht hatte, und sprang so leicht hindurch wie ein Reh, und aller Widerspruch musste aufhören. Also erhielt er die Krone und hat lange in Weisheit geherrscht.

Textsorten kennen

Das Märchen

- Märchen sind **Erzählungen**, die in einer längst **vergangenen Zeit** und an einem **unbestimmten Ort** spielen.
- Häufig geschehen in Märchen **wundersame Dinge:** Hexen, Feen, Teufel oder Zauberer sind typische Märchenfiguren. Oft kommen auch **Tiere** darin vor, die menschliche Eigenschaften haben. Einige von ihnen sind in Wirklichkeit Menschen, die durch einen bösen Zauber in Tiere verwandelt wurden.
- Die **Personen**, von denen erzählt wird, sind entweder **gut** oder **böse**, **fleißig** oder **faul**, **reich** oder **arm**, **klug** oder **dumm**. Meist gehören die Fleißigen, Armen und Klugen zu den **Guten**. Sie müssen eine **schwierige Aufgabe** bewältigen oder ein **gefährliches Abenteuer** bestehen. Dabei kommen ihnen oft **Zauberkräfte** zu Hilfe, und sie werden am Ende **belohnt**. Die **Bösen** werden dagegen **bestraft**.
- Ein häufiges Thema in Märchen ist **Gerechtigkeit:** Eine Person wird gegenüber anderen immer **benachteiligt**. Sie bekommt dann Unterstützung, auch durch Zauberkräfte. Am Ende siegt die Gerechtigkeit.
- Märchen weisen auch besondere **sprachliche Merkmale** auf. Manchmal werden **Zaubersprüche** aufgesagt. Auch bestimmte **Zahlen** kommen immer wieder vor, z. B. die Drei oder die Sieben. Besonders typisch sind **formelhafte Sätze** am Anfang und/oder am Schluss.
  Beispiele: Es war einmal …
  Und wenn sie nicht gestorben sind, so leben sie noch heute.
- Märchen wurden früher von Generation zu Generation **mündlich weitererzählt**. Die Brüder Jacob und Wilhelm Grimm wurden dafür berühmt, dass sie die Märchen, die in ihrer Heimat erzählt wurden, sammelten und aufschrieben.
  Beispiele: Aschenputtel, Rotkäppchen, Frau Holle, Schneewittchen und die sieben Zwerge, Dornröschen, Der Wolf und die sieben jungen Geißlein

110 Welche Merkmale treffen auf das Märchen „Die drei Federn“ zu? Kreuze an.

		richtig	falsch
a	Die Geschichte spielt in einer längst vergangenen Zeit.	☐	☐
b	Man weiß nicht genau, wann die Geschichte spielt.	☐	☐
c	Man weiß nicht genau, wo die Geschichte spielt.	☐	☐
d	Die Hauptperson muss ein gefährliches Abenteuer bestehen.	☐	☐
e	Es geschehen wundersame Dinge.	☐	☐
f	Es kommen Tiere vor, die sprechen und denken können.	☐	☐
g	Es kommen Tiere vor, die verzauberte Menschen sind.	☐	☐
h	Eine Person ist gut, andere Personen sind schlecht.	☐	☐
i	Die gute Person ist fleißig, arm und klug.	☐	☐
j	Eine Person wird ungerecht behandelt.	☐	☐
k	Der Person, die ungerecht behandelt wird, kommen Zauberkräfte zu Hilfe.	☐	☐
l	Am Ende siegt die Gerechtigkeit und der Gute wird belohnt.	☐	☐
m	Die Bösen werden am Ende bestraft.	☐	☐
n	Es gibt formelhafte Sätze, z. B.: „Es war einmal …“	☐	☐
o	Jemand sagt einen Zauberspruch auf.	☐	☐
p	Besondere Zahlen spielen eine Rolle, z. B. die Drei oder die Sieben.	☐	☐

Den Text verstehen

111 Wer ist die Hauptperson? Kreuze an.

☐ der König
☐ der älteste Sohn
☐ der mittlere Sohn
☐ der jüngste Sohn

112 Wie fühlt sich die Hauptperson am Anfang? Suche aus dem zweiten Absatz ein passendes Adjektiv heraus.

____

113 Kreuze alle Eigenschaften an, die zur Hauptperson passen.

Die Hauptperson ist …

☐ klug.	☐ bemüht.
☐ dumm.	☐ alt.
☐ jung.	☐ gleichgültig.

114 Eine der Eigenschaften passt **nicht** zur Aussage des letzten Satzes im Text. Füge die fehlenden Wörter in die Lücken ein.

Wenn es heißt, dass die Hauptperson ________________ ist, dann passt das nicht zu der Aussage, dass sie ________________________________.

115 Welches Problem will der König lösen? Antworte in einem ganzen Satz.

____

116 Welche Aufgaben sollen die drei Söhne bewältigen? Beende die Sätze.

a Zuerst sollen sie ________________________________.

b Danach sollen sie ________________________________.

c Am Schluss sollen sie ________________________________.

117 Welcher Sohn geht jeweils in welche Richtung?
Ordne zu: *der Älteste – der Mittlere – der Jüngste.*

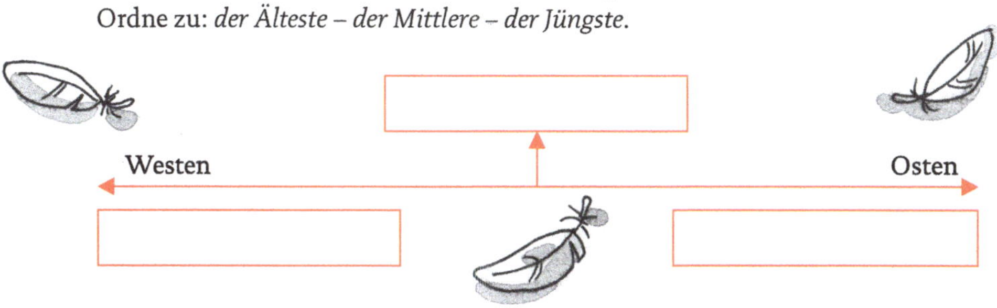

118 Was bringt der jüngste Sohn seinem Vater – und was bringen seine älteren Brüder ihm? Beende die Sätze.

a Zuerst: Der jüngste Sohn bringt ________________________________.

Die älteren Brüder bringen ________________________________.

b Danach: Der jüngste Sohn bringt ______________________________ .

Die älteren Brüder bringen ______________________________ .

c Am Schluss: Der jüngste Sohn bringt ______________________________ .

Die älteren Brüder bringen ______________________________ .

119 Von wem bekommt der jüngste Sohn jedes Mal Hilfe? Schreibe einen ganzen Satz.

____

120 Welches Tier verwandelt sich? Trage die fehlenden Wörter in die Lücken ein.

______________________________ verwandelt sich in

______________________________ .

121 Welchen Fehler machen die älteren Brüder? Beende den Satz.

Sie geben sich ______________________________ .

122 a Warum machen sie diesen Fehler? Kreuze an, was am besten passt.

- ☐ Sie finden die Aufgaben einfach.
- ☐ Sie haben keinen Ehrgeiz.
- ☐ Sie sind hochmütig.
- ☐ Sie sind gleichgültig.

b Begründe deine Entscheidung.

____

____

123 Worin besteht die allerletzte Probe – und wie endet sie?

Das ist die Probe: ______________________________

____

So endet sie: ______________________________

____

124 Wer wird am Ende belohnt – und wie?

____

____

125 Welche der folgenden Aussagen trifft **am besten** zu? Kreuze sie an.

Belohnt wird am Ende die Person, die …

- ☐ gut ist.
- ☐ fleißig ist.
- ☐ immer benachteiligt war.
- ☐ sich Mühe gegeben hat.
- ☐ Glück gehabt hat.

126 Findest du das Ende gerecht? Begründe deine Meinung ausführlich.
Beginne so: *Ich finde das Ende gerecht / nicht gerecht.*
Schreibe ungefähr 50 Wörter (→ Heft).

Die Sprache untersuchen

Zeitform Präteritum

Märchen und andere Geschichten, bei denen die Handlung in der **Vergangenheit** geschehen ist, werden im **Präteritum** (Vergangenheitsform) erzählt.

- Das Präteritum bildet man bei den **regelmäßigen Verben** so:
  Stamm des Verbs (Infinitiv ohne -en) + **t** + **Personalendung** (**-e**, **-est**, **-en** oder **-et**).
  Beispiel: sagen

Singular	**Plural**
1. Person: ich sagte	1. Person: wir sagten
2. Person: du sagtest	2. Person: ihr sagtet
3. Person: er, sie, es sagte	3. Person: sie sagten

- Es gibt auch **unregelmäßige Verben**. Diese ändern meist ihren **Stammvokal**.
  Beispiele:
  kommen → ich kam, du kamst, er kam, wir kamen, ihr kamt, sie kamen
  singen → ich sang, du sangst, er sang, wir sangen, ihr sangt, sie sangen
  fahren → ich fuhr, du fuhrst, er fuhr, wir fuhren, ihr fuhrt, sie fuhren
  lügen → ich log, du logst, er log, wir logen, ihr logt, sie logen
  schlafen → ich schlief, du schliefst, er schlief, wir schliefen, ihr schlieft, sie schliefen
- Besonders **unregelmäßig** ist das Verb **sein:**

Singular	**Plural**
1. Person: ich war	1. Person: wir waren
2. Person: du warst	2. Person: ihr wart
3. Person: er, sie, es war	3. Person: sie waren

127 Wie lautet die richtige Form des Präteritums? Ergänze sie.

a Der König **braucht** einen Erben. ______________________

b Er **bläst** drei Federn in die Luft. ______________________

c Die Söhne **suchen** einen Teppich. ______________________

d Die ältesten Söhne **gehen** weit fort. ______________________

e Der Jüngste **bleibt** in der Nähe. ______________________

f Er **trifft** eine Kröte. ______________________

g Die Kröte **holt** eine Schachtel. ______________________

h In der Schachtel **steckt** ein schöner Teppich. ______________________

i Der jüngste Sohn **erbt** das Reich. ______________________

128 Suche aus dem Märchen „Die drei Federn" zehn regelmäßige und zehn unregelmäßige Verben heraus, die im Präteritum stehen. Trage sie in die Tabelle ein und ergänze den Infinitiv.

regelmäßig	**Infinitiv**

unregelmäßig	**Infinitiv**

129 Schreibe den folgenden Text ab. Setze dabei alle Verben ins Präteritum.

Ein hübsches kleines Mädchen bekommt von seiner Großmutter ein Käppchen aus rotem Samt. Das steht ihm so gut, dass es gar nichts anderes mehr trägt. Deshalb heißt es fortan nur noch Rotkäppchen. Eines Tages gibt die Mutter der Kleinen einen Korb mit Kuchen und Wein und schickt sie zu ihrer Oma. Im Wald begegnet Rotkäppchen dem Wolf; der fragt das Mädchen nach seinem Weg. Weil Rotkäppchen den Wolf nicht kennt, hat es keine Angst vor ihm. Und so verrät es ihm, wohin es geht. Als das kleine Mädchen zum Haus der Großmutter gelangt, steht dort die Tür offen. Im Bett der Großmutter liegt der Wolf; der verschlingt das arme Kind. Aber bald kommt der Jäger am Haus vorbei. Der wundert sich darüber, dass die alte Frau schnarcht, und geht ins Haus hinein. Dort findet er den Wolf im Bett der Großmutter. Da nimmt er ein Messer und holt die Großmutter und Rotkäppchen aus dem Bauch des Wolfs heraus.

Richtig schreiben

Wortfamilien als Schreibhilfe

- Viele Wörter sind miteinander **verwandt**. Sie bilden eine **Wortfamilie**. Wenn man den wichtigsten „Verwandten“ kennt, kann man alle Wörter aus dieser Wortfamilie richtig schreiben.
- Häufig ist der wichtigste „Verwandte“ in einer Wortfamilie ein **Verb**. Entscheidend ist dann der **Stamm** des Verbs.
  Beispiel: fallen → *Stamm:* fall-
- Die besonderen Merkmale des Stamms zeigen sich in allen „Verwandten“, die zu dieser Wortfamilie gehören. Meist handelt es sich bei den „Verwandten“ um **Nomen**, **Verben** und **Adjektive**. Zu einer Wortfamilie gehören auch **Komposita** (vgl. S. 30 f.), in denen der Wortstamm enthalten ist.
  Beispiele: fallen, hinfallen, Falle, Anfall, Gefälle, fällig, Vorfall, hinfällig, abfällig, Unfall, Beifall, Falltür, Abfall, Einfall, umfallen, Fallrohr, Fallschirm

130  Finde möglichst viele „Verwandte“ zu den folgenden Wortstämmen und trage sie in die passende Tabellenspalte ein. Unterstreiche dann in jedem Wort den Stamm.

Stamm	Verb	Nomen	Adjektiv
lach-			
frag-			
nehm-			
fehl-			
lehr-			

131 Wie lautet der Stamm des zugehörigen Verbs aus der jeweiligen Wortfamilie? Schreibe ihn auf.

a gefährlich:	____________	**b** Behälter:	____________
c Rätsel:	____________	**d** Träger:	____________
e bedenklich:	____________	**f** Gebäck:	____________
g Besteck:	____________	**h** Gefängnis:	____________
i Wäsche:	____________	**j** schläfrig:	____________
k Gewächs:	____________	**l** Verhältnis:	____________
m Bewertung:	____________	**n** vergeblich:	____________
o Hebel:	____________	**p** Anhänger:	____________
q verächtlich:	____________	**r** Hoffnung:	____________
s strebsam:	____________	**t** Erbschaft:	____________

Sich schriftlich äußern

Erzählen aus einer anderen Sicht

Wenn du eine Geschichte aus der Sicht einer bestimmten Person erzählen sollst, musst du die Handlung so aufschreiben, wie sie es tun würde. Gehe so vor:

- Versuche dich in diese Person **hineinzuversetzen**. Stelle dir am besten diese Fragen:
  - Was **weiß** die Person – und was **weiß sie nicht**?
  - Welche **Gefühle** hat die Person?
  - Was könnte die Person **denken**?
- Schreibe alles in der **Ich-Form** auf.
- Du darfst nichts an der Handlung ändern, kannst aber andere Schwerpunkte setzen: Hebe das hervor, was der Person **wichtig** sein könnte, und lass das weg, was ihr unwichtig oder unangenehm ist.
- Beschreibe hin und wieder auch die **Gedanken** und **Gefühle** der Person.
- Verwende gelegentlich **wörtliche Rede**, damit deine Erzählung lebendig und anschaulich wirkt.

Beispiel: *Darstellung des Märchens „Die drei Federn" aus der Sicht des Dummlings:*
Da bemerkte ich, dass neben der Feder eine Falltür lag. Ich staunte nicht schlecht. „Was ist das denn?", dachte ich. „Da muss ich doch gleich einmal nachschauen, was es dort gibt!" Und schon hob ich die Tür an …

132 Erzähle vom ersten Besuch des Dummlings bei der Kröte, und zwar aus seiner Sicht. Schreibe ungefähr 200 Wörter (→ Heft). Beginne so:

Mein Vater blies drei Federn in die Luft; wohin sie flogen, dorthin sollten wir gehen. Die Federn meiner Brüder flogen weit weg, nach Westen und nach Osten. Frohgemut liefen sie auf und davon, immer den Federn nach. Meine Feder aber fiel gleich wieder zu Boden, nur wenige Meter entfernt …

Kapitel 6: Ein richtiger Bub

Anton wünschte sich ein Meerschweinchen.

Sein Vater brachte ihm einen Fußball mit. „Ich hab' dir einen echten Lederfußball gekauft. Geh Fußball spielen, bei so einem herrlichen Wetter muss ein richtiger Bub doch draußen sein und Fußball spielen!“ Aber Anton fürchtete sich vor dem Fußball. Am Abend kam er heulend und mit Nasenbluten nach Hause.

„Was ist denn los?“, fragte der Vater.

„Ich hab' den Ball auf die Nase gekriegt, und dann haben die Großen gespielt, wer den Ball über das Drahtgitter kicken kann, und dann ist der Ball in einem Baum hängen geblieben, und alle sind weggegangen.“ „Aus dir wird nie ein richtiger Bub!“, sagte der Vater.

Der Vater brachte Anton ein Skateboard mit. „Geh Skateboard fahren!“, sagte der Vater. „Heutzutage fahren alle Buben Skateboard. Es gibt richtige Artisten unter ihnen, die machen Sprünge und Figuren damit. Wir, zu meiner Zeit, wir haben so was noch gar nicht gekannt.“ Aber Anton hatte Angst vor dem Skateboard.

Am Abend kam er hinkend nach Hause und schleppte das Skateboard hinter sich her.

„Was ist denn los?“, fragte der Vater.

„Ich bin in eine Frau mit Einkaufstasche hineingefahren, und wir sind beide hingefallen, und die Eier waren kaputt. Und dann bin ich bei der Fußgängerunterführung die Treppe hinuntergefallen, weil ich doch nicht bremsen kann.“

„Und das Skateboard?“

„Da sind die Rollen verbogen und klemmen.“ „Aus dir wird nie ein richtiger Bub!“, sagte der Vater.

„Ich möchte ein Meerschweinchen“, sagte Anton.

Der Vater brachte Anton einen Bumerang mit. „Geh Bumerang werfen“, sagte der Vater, „damit du einen anständigen Bizeps kriegst. Als wir Buben waren, haben wir immer von einem Bumerang geträumt. Bei so einem schönen Wetter war der richtige Bub doch Indianer oder Eingeborener." Aber Anton fürchtete sich vor dem Bumerang. Am Abend kam er nach Hause und legte den Bumerang still in eine Ecke.

„Hat es Spaß gemacht?", fragte der Vater.

„Ja", sagte Anton. „Ist nichts passiert?", fragte der Vater.

„Nein", sagte Anton.

„Du hast gar nicht geworfen, was?"

„Nein", sagte Anton. „Aus dir wird nie ein richtiger Bub", seufzte der Vater. „Ein richtiger Bub haut wenigstens eine Fensterscheibe ein." „Ich möchte ein Meerschweinchen", sagte Anton. Der Vater brachte Anton ein Meerschweinchen mit. „Ich hab' dir ein Meerschweinchen mitgebracht", sagte der Vater. „Aus dir wird ja doch nie ein richtiger Bub. Und wer kein richtiger Bub ist, wird auch kein richtiger Mann. Später werd' ich dir ein Fahrrad schenken und Hanteln und einen Expander[1]. Vielleicht wird doch noch ein Bub aus dir."

Und Anton nahm sein Meerschweinchen auf den Schoß, gab ihm Salat und drückte seine Nase in das weiche Fell. Dann flüsterte er ihm ins Ohr: „Du wirst Rad fahren müssen und mit den Hanteln und mit dem Expander trainieren, sonst wirst du nie ein richtiges Meerschweinchen!" Da biss ihn das Meerschweinchen in die Nase und lief davon.

„Ist ja gar nicht wahr!", rief der Anton. „Ich hab' ja nur Spaß gemacht! Ich geb' dir Salat, und du darfst in meinem Hemd auf meinem Bauch liegen!" Aber er musste das Meerschweinchen noch stundenlang streicheln und mit der Nase im Ohr kitzeln und unter dem Hemd auf seinem Bauch liegen lassen, bis er es überzeugt hatte, dass er wirklich nicht ein richtiges Meerschweinchen aus ihm machen wollte.

1 *Expander:* Fitnessgerät zum Muskeltraining

Textsorten kennen

133 Um was für eine Textsorte handelt es sich bei dem Text „Ein richtiger Bub"? Kreuze an.

Der Text ist …

- ☐ ein Gedicht.
- ☐ ein Sachtext.
- ☐ eine Erzählung.
- ☐ ein Märchen.

134 Woran hast du die Textsorte erkannt? Kreuze alle Merkmale an, die zutreffen.

- ☐ Es wird eine Geschichte erzählt.
- ☐ Es gibt Reime.
- ☐ Der Text enthält wörtliche Rede.
- ☐ Die Handlung spielt vor langer Zeit.
- ☐ In dem Text kommen gute und böse Menschen vor.
- ☐ Die Hauptperson muss ein gefährliches Abenteuer bestehen.
- ☐ Der Gute wird belohnt, der Böse wird bestraft.
- ☐ Es geschehen wundersame Dinge.
- ☐ Es kommen magische Zahlen vor, z. B. die Drei oder die Sieben.

Den Text verstehen

135 Welche Personen spielen eine wichtige Rolle?
Kreuze an, was passt.

		sehr wichtig	nicht wichtig	nicht enthalten
a	ein Junge namens Anton	☐	☐	☐
b	Antons Vater	☐	☐	☐
c	mehrere Jungen	☐	☐	☐
d	alle Jungen	☐	☐	☐
e	Artisten	☐	☐	☐
f	eine Frau	☐	☐	☐
g	ein Indianer	☐	☐	☐
h	ein Eingeborener	☐	☐	☐

136 Welchen Wunsch hat Anton? Antworte im ganzen Satz.

____

137 Was möchte Antons Vater erreichen? Antworte wieder im ganzen Satz.

____

138 Welche Versuche unternimmt der Vater, damit er sein Ziel erreicht? Ergänze.

Er schenkt Anton erst ______________________, dann __________

______________ und schließlich ______________________.

139 Was meint der Vater, wenn er sagt: *„Wir, zu meiner Zeit, wir haben so was noch gar nicht gekannt."* (Z. 14 f.)? Kreuze an, was am besten passt.

- ☐ Die Zeiten haben sich geändert.
- ☐ Den Kindern, die heute leben, geht es gut.
- ☐ Er beneidet die Kinder, die heute leben.
- ☐ Früher war es besser für die Kinder.

140 Wie fühlt sich Anton, als er die Geschenke erhält? Nenne das Gefühl, das er jedes Mal empfindet.

Er hat ______________________.

141 Welches Gefühl empfindet der Vater, wenn sein Sohn am Abend nach Hause kommt? Unterstreiche im folgenden Kasten das Gefühl, das am besten passt.

Hoffnung, Freude, Begeisterung, Ärger, Sorge, Mitleid, Ratlosigkeit, Neugier, Traurigkeit, Enttäuschung, Erleichterung, Verständnis, Neid, Dankbarkeit, Wut

142 Welchen Satz spricht der Vater mehrmals? Schreibe ihn heraus.

____

143 Warum ahnt der Vater, dass Anton den Bumerang gar nicht geworfen hat? Du findest die Erklärung im Text (vgl. Z. 33–36).

____

____

____

144 Erkläre, warum der Vater Anton am Ende doch ein Meerschweinchen schenkt.

____

____

____

151 Findest du, dass Anton kein „richtiger Bub“ ist? Begründe deine Meinung.

152 Nimm Stellung zu der folgenden Frage: *Liebt der Vater seinen Sohn Anton?* Begründe deine Meinung ausführlich. Beziehe dich dabei auf den Text. Schreibe ungefähr 50 Wörter (→ Heft).

145 Wie geht Anton mit seinem Meerschweinchen um? Schreibe auf, was er tut. Ergänze die Satzanfänge.

a Er nimmt es ______________________________.

b Er gibt ihm ______________________________.

c Er drückt ______________________________.

146 Wie spricht Anton im vorletzten Absatz mit dem Meerschweinchen? Ergänze den Satz.

Anton spricht so mit seinem Meerschweinchen, wie ______________________________

______________________________.

147 Wie verhält sich das Meerschweinchen, nachdem Anton so mit ihm gesprochen hat? Schreibe zwei ganze Sätze.

- ______________________________
- ______________________________

148 Lies noch einmal den letzten Absatz. Erkläre, was Anton hier mit seinem Meerschweinchen tut. Verwende eigene Worte.

____

149 Es gibt ein bestimmtes Adjektiv, das für drei verschiedene Nomen verwendet wird, und zwar für: *Bub – Mann – Meerschweinchen.* Wie lautet es? Schreibe es in der Grundform heraus.

____

150 Was bedeutet es, wenn der Vater sagt: *„Vielleicht wird doch noch ein Bub aus dir.“* (Z. 43)? Setze dort ein Kreuz, wo es deiner Meinung nach am besten passt.

Seine Hoffnung, dass Anton einmal ein „Bub“ wird, ist …

gering 5 4 3 2 1 0 1 2 3 4 5 groß

Die Sprache untersuchen

Zeitform Perfekt (1)

- Wer **mündlich** von etwas erzählt, das in der **Vergangenheit** geschehen ist, verwendet in der Regel nicht das Präteritum, sondern das **Perfekt**.
  Beispiele: Ich sah einen Film. → *Mündliche Rede:* Ich habe einen Film gesehen.
  Ich ging nach Hause. → *Mündliche Rede:* Ich bin nach Hause gegangen.
- Um das Perfekt zu bilden, braucht man die Verben **haben** oder **sein** und die **dritte Form des eigentlichen Verbs.**
  Beispiel: sehen – sah – gesehen
- Wenn die Verben **haben** und **sein** verwendet werden, um bestimmte Zeitformen, z. B. das Perfekt, zu bilden, nennt man sie **Hilfsverben.**
- Ob man das Perfekt mit **haben** oder **sein** bildet, weiß man meist aus Erfahrung, weil man die richtigen Formen schon oft gehört hat. Es gibt aber eine **Grundregel:**
  - Bei Verben, die ausdrücken, dass sich jemand (oder etwas) **bewegt**, bildet man das Perfekt in der Regel mit dem Hilfsverb **sein.**
    Beispiele: Ich bin gerannt. – Er ist gekommen. – Wir sind geschwommen. – Der Ball ist gerollt. – Der Teddy ist hinuntergefallen. – Das Auto ist um die Ecke gebogen.
  - Bei den meisten **anderen** Verben bildet man das Perfekt mit dem Hilfsverb **haben.**
    Beispiele: Ich habe gespielt. – Er hat telefoniert. – Wir haben gegessen. – Der Ball hat die Fensterscheibe getroffen. – Der Teddy hat auf dem Boden gelegen. – Der Autofahrer hat gebremst.

153 Überprüfe, wann und wo Sätze im Text „Ein richtiger Bub" im **Perfekt** stehen.

a Unterstreiche im Text alle Sätze, die im Perfekt stehen. Du musst insgesamt **11 Sätze** unterstreichen.

b Kennzeichne alle Sätze, die du unterstrichen hast, mit ✓, wenn sie gesprochen werden (also in der **wörtlichen Rede** stehen).
Was stellst du fest? Kreuze an, was zutrifft.

Das Perfekt steht …

- ☐ immer
- ☐ meistens
- ☐ manchmal
- ☐ nie

… in Sätzen, die zur wörtlichen Rede gehören.

Zeitform Perfekt (2)
In schriftlichen Texten verwendet man das Perfekt außer in der wörtlichen Rede nur dann, wenn man etwas **im Präsens erzählt** und zwischendurch ausdrücken will, dass etwas **vorher** (vorzeitig) **geschehen** ist.
Deshalb bezeichnet man das Perfekt manchmal auch als „**vollendete Gegenwart**".
Beispiel: Nachdem der Fußball im Baum hängen geblieben ist, **geht** Anton nach Hause.

154 Setze die unterstrichenen Textstellen ins Perfekt.

a Der Vater schenkt Anton einen Fußball. Am nächsten Tag kommt Anton traurig nach Hause. Die anderen Jungen nehmen ihm seinen Fußball weg. Sie werfen nach ihm. Anton bekommt den Ball auf die Nase. Da geht er weg.

b Eine Woche später kommt Anton wieder traurig vom Spielen zurück. Er verletzt sich. Er fährt mit dem neuen Skateboard eine Frau an. Da stürzen beide zu Boden. Anton humpelt mit dem kaputten Skateboard nach Hause.

c Mit dem Bumerang spielt Anton gar nicht. Er legt ihn stumm in die Ecke. Da ist sein Vater enttäuscht.

d Am Ende schenkt der Vater ihm doch ein Meerschweinchen. Anton erreicht sein Ziel. Er ist glücklich.

155 Der folgende Text steht durchgängig im Perfekt. Unterstreiche alle Verbformen.

Herr Muth hat aus seinem Sohn einen „richtigen Buben“ machen wollen. Deshalb hat er ihm eines Tages einen Fußball geschenkt. Aber Anton hat sich nicht darüber gefreut, denn er hat gar keinen Spaß am Fußballspielen gehabt. Er hat sich nämlich viel mehr für Tiere interessiert. Am liebsten sind ihm die Meerschweinchen gewesen. Sein Vater hat auch gewusst, dass er sich seit Langem ein Meerschweinchen gewünscht hat. Doch er hat Anton diesen Wunsch nicht erfüllt. Stattdessen hat er ihm einen Fußball mitgebracht. – Als Anton am Abend vom Fußballspielen nach Hause gekommen ist, hat ihm die Nase geblutet. Da ist der Vater erschrocken gewesen. „Was ist denn passiert?“, hat er gefragt. „Der Ball ist mir auf die Nase geflogen“, hat Anton gejammert. Da hat der Vater seinen Sohn enttäuscht angeschaut. „Was für ein Junge ist bloß aus dir geworden?“, hat er geseufzt.

156 Lies den Text von Aufgabe 155 laut. Woran liegt es, dass er schlecht klingt?

Wenn man eine Geschichte im Perfekt erzählt, führt das dazu, dass ____________

____

____

157 **a** Überarbeite den Text von Aufgabe 155.

- Ersetze alle Perfektformen durch die Formen des Präteritums. (In der wörtlichen Rede kann das Perfekt bleiben.)
- Unterstreiche zum Schluss wieder alle Verbformen.

b Lies den überarbeiteten Text wieder laut. Entscheide, was die Veränderung der Zeitform bewirkt hat. Kreuze an.

- ☐ Der überarbeitete Text klingt deutlich besser.
- ☐ Es ist kaum eine Veränderung festzustellen.
- ☐ Der überarbeitete Text klingt eher schlechter.

c Formuliere eine Regel zum Schreiben von Erzählungen. Ergänze die Lücken.

Wenn man eine Geschichte erzählt, die in der Vergangenheit spielt, sollte man die Zeitform ______________________ verwenden und **nicht** die Zeitform ____________________.

Richtig schreiben

Der i-Laut (1)

Der **Laut i** wird manchmal **kurz** und manchmal **lang gesprochen.**

- Wenn der Laut **i kurz** gesprochen wird, schreibt man nur **i.** Oft folgen danach zwei Konsonanten (zwei verschiedene, z. B. *nd*, oder auch zwei gleiche, z. B. *tt*).
  Beispiele: sitzen, Witz, finden, Winter, richtig, Silbe, Kinn, Bitte, Geschirr
- Wenn der **i-Laut lang** gesprochen wird, schreibt man in der Regel **ie.**
  Beispiele: Wiese, bieten, frieren, Miete, Liebe, hier, schieben, Tier, nie

Es gibt nur wenige **Ausnahmen.** Die lernst du am besten auswendig.

- **Lang** gesprochenes **i,** aber geschrieben **i:**
  Beispiele: Maschine, Gardine, Apfelsine, Ski, Krise, Liter, wir, dir, mir
  Mine (im Stift) *aber:* Miene (Gesichtsausdruck)
  Lid (am Auge) Lied (das man singt)
- **Lang** gesprochenes **i,** aber geschrieben **ih:**
  Beispiele: ihm, ihr, ihre, ihnen
- **Lang** gesprochenes **i,** aber geschrieben **ieh:**
  Beispiel: Vieh
  Ein lang gesprochenes i, das als **ieh** geschrieben wird, kommt fast nur in **Verbformen** vor. Es lässt sich immer mit dem **Infinitiv** erklären.
  Beispiele: er sieht (wegen se**h**en) *aber:* er siegt (wegen siegen)
  er flieht (wegen flie**h**en) er verliert (wegen verlieren)

158 Schreibe mindestens zehn Wörter aus dem Text „Ein richtiger Bub" heraus, in denen der **i-Laut kurz** gesprochen wird.

___

___

159 Schreibe nun möglichst viele Wörter aus dem Text heraus, in denen der **i-Laut lang** gesprochen wird, und ordne sie richtig in die Tabelle ein.

Schreibung mit *ie*	mit *i*	mit *ih*	mit *ieh*

Der i-Laut (2)

Unter den **Verben** gibt es viele Beispiele, in denen der lange i-Laut mit **ie** geschrieben wird. Man kann diese Verben zu Gruppen zusammenstellen, die sich **reimen**. Das ist eine gute **Schreibhilfe**.

Beispiele: liegen, biegen, siegen – verlieren, marschieren, spendieren

160 Finde weitere Verben mit langem i-Laut, die sich reimen. Auch Formen des Präteritums sind möglich. Du kannst ein Wörterbuch verwenden.

verlieren	liegen	fließen	lieben	mieten

Der i-Laut (3)

Auch unter anderen Wortarten gibt es **Wörter mit i-Laut**, die sich **reimen**. Das gilt sowohl für den **lang** gesprochenen i-Laut als auch für den **kurz** gesprochenen i-Laut.

Beispiele: Reimwörter mit langem i-Laut: Tier, vier, Gier, Zier, schier, Bier, hier
Reimwörter mit kurzem i-Laut: Kind, Rind, sind, Wind, geschwind, lind

161 Finde weitere Reimwörter mit kurzem oder langem i-Laut und trage sie in die Tabelle ein. Sie können unterschiedlichen Wortarten angehören.

wieder	Sieb	Ringe	hinken

Der i-Laut (4)

Bei **unregelmäßigen Verben** gibt es viele **Präteritumformen** mit **langem i-Laut**, der als **ie** geschrieben wird.

Beispiele: fallen → fiel, bleiben → blieb, laufen → lief

162 Bilde zu folgenden Verben die Präteritumform in der 3. Person Singular.

a blasen:	____________	b beraten:	____________
c braten:	____________	d geraten:	____________
e halten:	____________	f heißen:	____________
g raten:	____________	h vermeiden:	____________
i rufen:	____________	j scheinen:	____________
k schlafen:	____________	l schreiben:	____________

Sich schriftlich äußern

Einen Tagebucheintrag schreiben

Ein Tagebuch benutzt man, um **wichtige Erlebnisse** hineinzuschreiben. Meist hat man etwas ganz Besonderes erlebt, das man für seine Erinnerung festhalten möchte.
Weil ein Tagebuch ein sehr **persönliches Dokument** ist, das niemand sonst lesen darf (oder soll), hat man beim Schreiben einige Freiheiten.
Dies sind die **Besonderheiten eines Tagebucheintrags:**

- Als Erstes notiert man das **Datum**; danach folgen die **Erlebnisse dieses Tages**.
- Der Tagesablauf wird in der **Ich-Form** aufgeschrieben.
- Der Schreiber teilt dem Tagebuch auch seine ganz persönlichen **Gefühle und Gedanken** mit.
- Um sich später gut an den Ablauf dieses Tages erinnern zu können, stellt man alles möglichst **anschaulich** dar, z. B. indem man ab und zu **wörtliche Rede** benutzt.
- Hin und wieder kann man auch Wörter aus der **Umgangssprache** verwenden – allerdings nicht zu oft!

163 Versetze dich in die Hauptperson aus der Erzählung „Ein richtiger Bub“. Stelle dir vor, dass Anton an dem Abend, an dem ihm sein Vater das Meerschweinchen mitgebracht hat, in sein Tagebuch schreibt.
Schreibe diesen Tagebucheintrag. Du solltest ungefähr 150 Wörter schreiben (→ Heft). Beginne so:

Datum: …

Papa hat mir heute ein Meerschweinchen mitgebracht …

Kapitel 7: Wie Eulenspiegel auf dem Seil tanzte

[...] Till war mittlerweile sechzehn Jahre alt geworden und sollte einen Beruf ergreifen. Aber er dachte nicht im Traum daran. Stattdessen lernte er auf dem Wäscheseil, das auf dem Boden gezogen war, Seiltanzen. Wenn ihn die Mutter dabei erwischte, kletterte er schleunigst aus dem Bodenfenster und setzte sich aufs Dach. Dort wartete er dann, bis sie wieder gut war. Das Bodenfenster ging auf den Fluss hinaus. Und als Till das Seiltanzen einigermaßen konnte, spannte er das Seil vom Boden aus über die Saale[1] hinweg zu dem Bodenfenster eines Hauses, das am anderen Ufer stand.

Die Kinder, die das beobachtet hatten, und die Nachbarn, die aus den Fenstern guckten, sperrten Mund und Nase auf, als Till das Seil betrat und langsam darauf balancierte, ohne herunterzufallen.

An beiden Ufern versammelten sich die Leute und blickten in die Luft. Sie waren fast so gespannt wie das Seil. Schließlich wurde auch Eulenspiegels Mutter aufmerksam. Sie kletterte, so schnell es ging, zum Boden hinauf, schaute aus dem Fenster und schlug die Hände über dem Kopf zusammen. Ihr Herr Sohn stand, mitten über dem Fluss, auf ihrer Wäscheleine und machte Kunststückchen! Kurz entschlossen nahm sie das Kartoffelmesser aus der Schürzentasche und schnitt – ritsch! die Leine durch. Und Till, der nichts gemerkt hatte, fiel sozusagen aus allen Wolken. Er fiel aus den Wolken kerzengerade in den Fluss und musste, statt auf dem Seil zu tanzen, in der Saale baden. Die Kinder und die Nachbarn und überhaupt alle, die das mit angesehen hatten, lachten sich halb tot und ärgerten Till durch schadenfrohe Zurufe.

Er krabbelte ans Ufer und tat, als hätte er nichts gehört. Doch im Stillen nahm er sich vor, ihnen ihre Schadenfreude heimzuzahlen. Wenn möglich mit Zinsen.

Schon am nächsten Tag spannte er also sein Seil von Neuem. Diesmal machte er es aber nicht am Bodenfenster seiner Mutter fest. Denn er wollte nicht schon wieder in der Saale baden. [...]

Nein, er spannte das Seil zwischen zwei anderen Häusern aus, hoch in der Luft, aber so, dass Frau Eulenspiegel es nicht sehen konnte. Natürlich kamen die Kinder wieder angerannt, und Bauern und Bäuerinnen kamen auch. Sie lachten und machten Witze über Till und fragten, ob er wieder vom Seil fallen wolle. Einige riefen, er müsse unbedingt herunterfallen, sonst mache ihnen die ganze Sache keinen Spaß.

1 *Saale:* ein Fluss in Thüringen

Eulenspiegel aber sagte: „Heute zeige ich euch etwas noch viel Schöneres. Ihr müsst nur eure linken Schuhe ausziehen und sie mir aufs Seil geben. Sonst kann ich das Kunststück leider nicht machen."

Erst wollten sie nicht recht. Doch dann zog einer nach dem anderen seinen linken Stiefel aus, und schließlich hatte Till hundertzwanzig linke Schuhe vor sich liegen! Er knüpfte sie mit den Schnürsenkeln zusammen und kletterte, mit dem Stiefelberg beladen, aufs Seil hinauf.

Unter ihm standen hundertzwanzig Zuschauer, und jeder von ihnen hatte nur noch einen Schuh an.

Eulenspiegel ging nun, vorsichtig balancierend, mit dem riesigen Schuhbündel Schritt für Schritt auf dem Seil vorwärts. Als er in der Mitte des Seils angekommen war, knüpfte er die Senkel auf und rief: „Aufgepasst!"

Und dann warf er die hundertzwanzig Schuhe auf die Straße hinunter! „Da habt ihr eure Pantinen wieder!", rief er lachend. „Passt gut auf, dass ihr sie nicht vertauscht!"

Da lagen nun hundertzwanzig Schuhe auf der Straße, und drum herum standen hundertzwanzig Leute, von denen jeder einen Schuh zu wenig anhatte! Und dann stürzten sie wie die Verrückten über die Schuhe her. Jeder suchte den, der ihm gehörte. Und bald war die schönste Prügelei im Gange. Man schlug sich und riss sich an den Haaren und wälzte sich brüllend auf der Straße herum.

Es dauerte eine Stunde und dreiundvierzig Minuten, bis jeder seinen linken Schuh wiederhatte. Aber wie die armen Leute aussahen! Sie hatten Beulen am Kopf und Löcher in den Hosen. Sieben Zähne lagen auf der Straße. Und neunzehn Bauern und elf Kinder konnten kaum nach Hause gehen, so humpelten sie.

Alle aber schworen sie, Till Eulenspiegel kurz und klein zu prügeln, wenn sie ihn erwischten.

Nur, das mit dem Erwischen war schwierig. Denn Till ging ein Vierteljahr lang nicht vor die Tür. Er saß die ganze Zeit bei seiner Mutter im Hause. Und sie freute sich und sagte: „Das ist recht, mein Sohn. Endlich bist du vernünftig geworden.“

Die Ärmste!

Textsorten kennen

Der Schwank

Schwänke sind Texte, in denen **lustige Geschichten** aus dem Alltag einfacher Leute erzählt werden. Sie zeichnen sich durch folgende Besonderheiten aus:

- Meist geht es darum, dass ein (scheinbar) Schwächerer einen (scheinbar) Stärkeren durch eine List **hereinlegt**.
- Die Texte sind **vom Umfang her überschaubar** (eine bis maximal drei Seiten).
- Die Darstellung wirkt oft etwas **derb** und mitunter auch **übertrieben**.
- An einer Stelle gibt es einen **Wendepunkt**: Jemand, der zunächst überlegen ist, erleidet plötzlich unerwartet eine Niederlage, und derjenige, der anfangs als der Schwächere erschien, triumphiert. Ein Schwank endet in der Regel getreu dem Sprichwort: „Wer zuletzt lacht, lacht am besten.“

164 Wer scheint am Anfang der Geschichte der Schwächere zu sein?

____

165 Wer erleidet am Ende eine Niederlage?

____

166 Unterstreiche die Textstelle, an der der Wendepunkt eintritt.

Den Text verstehen

167 Welche Informationen erhältst du am Anfang über Till Eulenspiegel? Schreibe jeweils einen Satz und äußere dich zu …

a seinem Alter:

____

b den Erwartungen, die er erfüllen soll:

____

c seinem Ziel:

____

168 a Hat Till Eulenspiegel sein Ziel erreicht? Kreuze an, was am besten passt.

Er hat sein Ziel …

- ☐ gut erreicht.
- ☐ nicht erreicht.

b Unterstreiche in den ersten beiden Absätzen zwei Textstellen, die zeigen, dass du dein Kreuz richtig gesetzt hast.

169 Vervollständige das folgende Bild. Ergänze, was fehlt.

170 Warum ist es für Till schlecht, dass so viele Leute herausgekommen sind, um ihm zuzusehen?

____

171 a Schreibe auf, was Tills Mutter als Erstes tut, als sie aus dem Fenster schaut und sieht, was er macht.

____

b Was für Gefühle bringt sie damit zum Ausdruck? Unterstreiche alle passenden Wörter mit einem roten Stift.

Erstaunen, Empörung, Angst, Freude, Stolz, Begeisterung, Wut, Scham, Enttäuschung, Sorge, Überraschung, Ratlosigkeit, Neugierde

c Welche Gefühle wären eigentlich eher von einer Mutter zu erwarten gewesen? Unterstreiche diese mit einem schwarzen Stift.

172 Weshalb fällt Till plötzlich in den Fluss?

____

173 Welches Gefühl empfinden die Leute, die Till zugesehen haben? Kreuze an.

- ☐ Entsetzen
- ☐ Schadenfreude
- ☐ Empörung
- ☐ Mitleid

174 Erkläre, warum Till so tut, „als hätte er nichts gehört“ (Z. 23).

____

____

175 Was bedeutet es, wenn es heißt, dass Till es den Leuten „heimzahlen“ will?

____

176 Warum spannt er das Seil am nächsten Tag zwischen zwei anderen Häusern?

____

177 Warum lachen die Leute, als Till sein Seil zum zweiten Mal spannt?

____

178 Was sollen die Leute für Till tun?

____

179 Schreibe den Satz heraus, der zeigt, dass die Leute anfangs zögern.

180 Woran merkt man, dass Till gut seiltanzen kann?
Hinweis: Überlege, was er sonst nicht schaffen könnte.

181 Erkläre, wie es zu der Massenprügelei kommt.

182 Warum geht Till ein Vierteljahr lang nicht nach draußen? Kreuze an.

- ☐ Er hat sich verletzt.
- ☐ Er schämt sich.
- ☐ Er hat Angst vor Rache.
- ☐ Er hat Stubenarrest.

183 Mit welchen Worten zeigt der Erzähler, dass Tills Mutter sich irrt, wenn sie zu ihm sagt: „*Endlich bist du vernünftig geworden.*" (Z. 65 f.) Schreibe sie heraus.

184 Einiges an der Geschichte wirkt übertrieben. Nenne dafür drei Beispiele und erkläre jeweils kurz, worin die Übertreibung besteht.

Die Sprache untersuchen

Subjekt und Prädikat

Jeder **Satz** besteht aus mehreren „Bausteinen", den **Satzgliedern**.
Zu jedem Satz gehören mindestens zwei Satzglieder: ein **Subjekt** und ein **Prädikat**.

- Das **Prädikat** sagt, was geschieht. Es bringt also die eigentliche **Handlung** zum Ausdruck. Jedes Prädikat besteht aus mindestens einem **Verb**. Es kann in verschiedenen **Zeitformen** stehen.
- Das **Subjekt** nennt den „Täter" der Handlung. Es muss keine Person sein, auch Dinge können etwas „tun".
- **Subjekt** und **Prädikat passen** immer von der Form her **zusammen:** Wenn das Subjekt z. B. in der 3. Person Singular steht, muss auch das zugehörige Prädikat in der 3. Person Singular stehen.

Beispiele:

Subjekt	Prädikat
Eulenspiegel	tanzte.
Das Seil	ist gerissen.
Die Kinder	lachen.

185 Schreibe zehn solcher „Mini-Sätze" auf, die nur aus einem Prädikat und dem zugehörigen Subjekt bestehen. Denke dir etwas aus.

Subjekt	Prädikat

Subjekt und Prädikat: Besonderheiten

- Satzglieder können sehr kurz sein; dann bestehen sie nur aus **einem Wort**. Sie können aber auch aus **mehreren Wörtern** bestehen. Das gilt für **alle Satzglieder**.

  Beispiel: **Subjekt** *(6 Wörter)* **Prädikat** *(3 Wörter)*

  Ein frecher Junge namens Till Eulenspiegel — soll balanciert haben.

- Einige Verben spalten sich in zwei Teile auf, wenn sie im Satz als Prädikat verwendet werden. Dann rutscht der erste Teil (eine Vorsilbe) nach hinten.

  Beispiele: vorlesen → Die Mutter liest vor.
  abwaschen → Ich wasche ab.

186 Kennzeichne in den folgenden Sätzen die Grenze zwischen dem Subjekt und dem Prädikat. Markiere sie so: |

a Der übermütige Lausejunge wartete.

b Viele neugierige Leute sollten zusehen.

c Die kleinen Kinder eilten herbei.

d Till wollte balancieren.

e Das Seil riss entzwei.

f Die Zuschauer mussten lachen.

Das Objekt

Nicht immer sind Sätze so kurz, dass sie nur aus Prädikat und Subjekt bestehen. Oft ist auch ein **Objekt** erforderlich.

- Ein Objekt sagt, wer von der Handlung **betroffen** ist. Man könnte das Objekt als das „Opfer" der Handlung ansehen.

Beispiel:

Subjekt	**Prädikat**	**Objekt**
Till Eulenspiegel	ärgert	seine Mutter.
Handelnder / „Täter" (Wer?)	*Handlung (Was tut …?)*	*Betroffene / „Opfer" (Wen?)*

- Auch das Objekt kann eine **Sache** sein.
  Beispiel: Till nahm den Stiefelberg.
- Ein Objekt kann im **Singular** (Einzahl) oder im **Plural** (Mehrzahl) stehen.
  Beispiel: Die Leute zogen ihre linken Schuhe aus.
- Manchmal werden Objekte durch **bestimmte Wörter eingeleitet**, (z. B.: *mit, auf, für, ohne, an, gegen, über*). Solche Wörter gehören jeweils mit zum Objekt.
  Beispiel: Die Leute lachten über Till.
- Das Objekt kann auch **am Satzanfang** stehen. Dann wird es hervorgehoben.
  Beispiel: Einen Beruf wollte Till Eulenspiegel nicht ergreifen.
- In einigen Sätzen gibt es **mehrere Objekte**.
  Beispiel: Die Mutter schnitt das Seil *(1. Objekt)* mit dem Messer *(2. Objekt)* durch.

187 Trage jeweils die passenden Objekte aus dem Kasten in die Lücken ein. Bei vier Sätzen musst du jeweils zwei Objekte einfügen.

ihrem Sohn, seine Kunststücke, das Seiltanzen, eine gehörige Strafe, ihre linken Schuhe, das Seil, nach ihren Schuhen, mit dem Stiefelberg, hundertzwanzig Schuhe, den Leuten, Mund und Nase, an den Bürgern, über Tills Missgeschick, Rache, den Stiefelberg

a Till Eulenspiegel lernte ____________________.

b Er wollte ____________________ vorführen.

c Die Zuschauer sperrten ____________________ auf.

d Seine Mutter verpasste ____________________.

e Die Nachbarn und die Kinder freuten sich ____________________.

f Till wollte ____________________ üben.

g Die Bürger sollten ____________________ ausziehen.

h ______________________________ band Till zusammen.

i ____________________ betrat er ____________________.

j Er ließ ________________________________ fallen.

k Die Leute suchten ____________________________.

Lokal- und Temporaladverbialien

In einigen Sätzen wird auch etwas darüber gesagt, **wo** oder **wann** eine Handlung erfolgt. Satzglieder, die etwas über den Ort oder über die Zeit sagen, heißen **Adverbialien.**

- Adverbialien, die Informationen über den **Ort** geben, heißen **Lokaladverbialien.** Man kann sie so erfragen: *Wo? Woher? Wohin?*
  Beispiel: Till Eulenspiegel tanzte auf dem Seil. → *Wo tanzte er? Auf dem Seil.*
- Adverbialien, die Auskünfte über die **Zeit** geben, heißen **Temporaladverbialien.** Man kann sie so erfragen: *Wann? Seit wann? Bis wann? Wie lange?*
  Beispiel: Till ging ein Vierteljahr lang nicht vor die Tür. → *Wie lange* ging er nicht vor die Tür? Ein Vierteljahr lang.
- Adverbialien können aus nur **einem Wort** oder aus einer **Wortgruppe** bestehen.
  Beispiele: oben, dort, hier, in der Schule, auf der Straße, neben dem Tisch *(Ort)*
  heute, jetzt, bald, seit einer Stunde, vor drei Tagen, im letzten Jahr *(Zeit)*
- Adverbialien können **am Anfang, in der Mitte** oder **am Ende** eines Satzes stehen. Wenn sie am Satzanfang stehen, erhalten sie die stärkste Betonung.
  Beispiele: Till übte das Seiltanzen auf dem Dachboden.
  Till übte auf dem Dachboden das Seiltanzen.
  Auf dem Dachboden übte Till das Seiltanzen.

188 Frage nach den unterstrichenen Satzgliedern und bestimme sie: Lokaladverbiale oder Temporaladverbiale?

a Till Eulenspiegel hatte seit vielen Wochen das Seiltanzen geübt.

Seit wann? → Temporaladverbiale

b Eines Tages spannte er ein Seil zwischen zwei Häusern über die Saale.

____

c Die Nachbarn versammelten sich bald darauf an beiden Ufern.

____

d Tills Mutter sah ihren Sohn auf dem Seil.

____

e Sie schnitt das Seil sogleich mit einem Küchenmesser durch.

____

f Wenige Sekunden später fiel Till in den Fluss.

____

g Auf den Straßen ertönte lautes Gelächter.

____

h Till krabbelte ans Ufer.

____

i Gleich am nächsten Tag wollte er sich an den Leuten rächen.

____

189 Bestimme in den folgenden Sätzen **alle Satzglieder**.

- Markiere zunächst die Grenzen zwischen den einzelnen Satzgliedern: |
- Notiere darunter jeweils die Art der Satzglieder: **P** (Prädikat), **S** (Subjekt), **O** (Objekt), **A** (Adverbiale).
- Bestimme die Adverbialien näher: Ergänze ein **L** (Lokaladverbiale) oder ein **T** (Temporaladverbiale), also **AL** oder **AT**.
- Nummeriere zweiteilige Prädikate: **P1** (Prädikat, erster Teil) und **P2** (Prädikat, zweiter Teil).

a Till | spannte | das Seil | hoch in der Luft.
S P O AL

b Bauern, Bäuerinnen und Kinder kamen.

c Eulenspiegel wollte ihnen ein Kunststück vorführen.

d Er brauchte die linken Schuhe der Zuschauer.

e Einer nach dem anderen zog seinen linken Stiefel aus.

f Schließlich hatte Till hundertzwanzig linke Schuhe.

g Er knüpfte einen Stiefelberg.

h Er kletterte mit dem Stiefelberg auf das Seil.

i Plötzlich ließ er die Schuhe auf die Straße fallen.

j Die Leute stürzten sofort zu den Schuhen.

k Eine heftige Prügelei begann.

l Die Suche nach den Schuhen dauerte fast zwei Stunden.

m Die Bürger wollten Till Eulenspiegel verprügeln.

n Till blieb ein Vierteljahr lang im Haus.

Die Umstellprobe

Um herauszufinden, **welche Wörter** eines Satzes jeweils ein **Satzglied** bilden, kannst du die **Umstellprobe** machen:

- Ändere probeweise die **Reihenfolge** der Wörter in diesem Satz. Nimm dazu z. B. eine Wortgruppe aus der Mitte des Satzes heraus und setze sie an den Satzanfang.
- Alle Wörter, die dann **zusammen ihre Position** im Satz **verändern**, gehören zum selben Satzglied.

Beispiel: Tills Mutter holte ein Küchenmesser aus der Schürzentasche.
1. *Probe:* Ein Küchenmesser holte Tills Mutter aus der Schürzentasche.
2. *Probe:* Aus der Schürzentasche holte Tills Mutter ein Küchenmesser.

Die Wörter *Tills Mutter, ein Küchenmesser* und *aus der Schürzentasche* bleiben immer als Gruppe zusammen. Sie bilden jeweils ein Satzglied.

190 Mache bei jedem der folgenden Sätze zweimal die Umstellprobe, um herauszufinden, welche Wörter als Gruppe ein Satzglied bilden.

a Till Eulenspiegel ging mit seiner Mutter zu einer Kirchweih.

1. Zu einer Kirchweih ging Till Eulenspiegel mit seiner Mutter.

2. Mit seiner Mutter ging Till Eulenspiegel zu einer Kirchweih.

b Er trank dort in kurzer Zeit mehrere Gläser Bier.

c Anschließend suchte er für ein Schläfchen einen leeren Bienenkorb.

d Gegen Mitternacht kamen zwei freche Diebe.

e Sie wollten einen der Körbe stehlen.

f Nach einer Weile wählten sie den Bienenkorb mit Till.

g Kurz danach riss Till den Vordermann am Haar.

h Der hielt seinen Diebespartner für den Übeltäter.

i Sofort überhäufte er ihn mit groben Flüchen.

Richtig schreiben

Der Doppelkonsonant

- Ein **kurz gesprochener Vokal** wird oft durch einen nachfolgenden **Doppelkonsonanten** gekennzeichnet.
  Beispiele: Mutter, Wasser, Himmel, Ebbe, Affe
- Folgen nach einem kurz gesprochenen Vokal **zwei verschiedene Konsonanten**, werden diese in der Regel nicht verdoppelt.
  Beispiele: Falte (nicht: Fallte!), Kasten (nicht: Kassten!), tanzen (nicht: tannzen!)
- Wenn nach einem **Doppelkonsonanten** doch ein **weiterer Konsonant** folgt, ist das auf die Wortverwandtschaft zurückzuführen. Das betrifft vor allem Verben.
  Beispiele: fäll-t → wegen fall-en, renn-t → wegen renn-en, stell-t → wegen stell-en
- In **zweisilbigen Wörtern** steht der Doppelkonsonant oft auf der Grenze zwischen zwei Silben.
  Beispiele: wis|sen, Kel|ler, bit|ter, Ham|mer
- Wenn am Schluss eines **einsilbigen Wortes** ein Doppelkonsonant steht, gibt es fast immer ein verwandtes zweisilbiges Wort, bei dem dieser Doppelkonsonant in die Wortmitte rutscht.
  Beispiele: kann → kön|nen, Fass → Fäs|ser, voll → vol|ler, ritt → rit|ten

191 Einzelkonsonant oder Doppelkonsonant? Trage entsprechend ein.

a Till Eulenspiegel so____te *(l/ll?)* einen Beruf ergreifen.

b Er wo____te *(l/ll?)* aber lieber Seilta____zen *(n/nn?)* lernen.

c Eines Tages spa____te *(n/nn?)* er ein Seil über den Flu____ *(s/ss?)*.

d Dann kle____erte *(t/tt?)* er zum Bodenfe____ster *(n/nn?)* hinaus.

e Er bega____ *(n/nn?)* zu balancieren.

f Die Nachbarn versa______elten *(m/mm?)* sich an beiden Ufern.

g Sie dachten, Till würde herunterfa____en *(l/ll?)*.

h Als Tills Mu____er *(t/tt?)* sah, was ihr Sohn machte, ging sie schne____ *(l/ll?)* zum Dachboden hinauf.

i Sie schna____te *(p/pp?)* sich ein Küchenme____er *(s/ss?)* und schni____ *(t/tt?)* das Seil durch.

j Till fiel aus a____en *(l/ll?)* Wo____ken *(l/ll?)*.

k Nun mu____te *(s/ss?)* er in der Saale baden.

l Die Zuschauer fa____den *(n/nn?)* das lu____tig *(s/ss?)*.

m Im Sti____en *(l/ll?)* nahm Till sich vor, es den Bürgern heimzuzahlen.

n Das scha____te *(f/ff?)* er gleich am nächsten Tag.

Der „unechte" Doppelkonsonant

- Manche Wörter sehen nur so aus, als hätten sie in der Mitte einen Doppelkonsonanten. In Wirklichkeit handelt es sich um **Komposita** (zusammengesetzte Wörter), bei denen an der Nahtstelle zufällig zwei gleiche Konsonanten zusammentreffen.
  Beispiele: Nach**tt**isch → Nacht + Tisch   Ferti**gg**ericht → fertig + Gericht
- Ein „unechter" Doppelkonsonant tritt auch auf, wenn eine **Vorsilbe** mit dem gleichen Konsonanten endet, mit dem das nachfolgende Wort beginnt.
  Beispiele: Mi**tt**äter → mit + Täter   ve**rr**eisen → ver + reisen

192 Unterstreiche alle Wörter, bei denen der Doppelkonsonant nicht „echt" ist.

Festtag, brüllend, Hammer, Rolle, stemmen, Mundddusche, Kissen, Bartträger, Ebbe, Pfanne, Rohrreiniger, Bettlaken, Kummer, Weggefährte, Messer, Stimme, wimmern, verrückt, Staubbeutel, Kittel, wetten, naturrein, fallen, Henne, Hochhaus, Sparflamme, Sonne, knarren, Klappe, wissen, Brotteig, Spinne, Futter, Masse, küssen, Tierreich, Bagger, Dorffest, Wetter, Kreissäge, essen, Preissenkung, Ratte, Alltag, Affe, Lasttier, knurren, verraten, Bestellung, Vorrat, Rennfahrer, Korbblütler, Spottpreis, Butterdose, straffrei, Tonfall, Wilddieb

193 Zerlege nun alle unterstrichenen Wörter von Aufgabe 192 in ihre Einzelwörter.

Fest + Tag

Sich schriftlich äußern

Über ein Ereignis informieren

Wenn du jemanden mündlich über ein Ereignis informieren willst, solltest du auf bestimmte Dinge achten:

- Als Erstes sagst du, **was passiert ist**. Das ist schließlich das Wichtigste.

  Beispiel: Wenn in deiner Schule ein Unfall passiert ist, wirst du deiner Mutter genau das als Erstes erzählen: „Heute ist in der Schule ein Unfall passiert!"
- Danach beschreibst du den **genauen Ablauf**. Jetzt gehst du auf **Einzelheiten** ein: **Wer** war beteiligt? **Wann** ist es geschehen? **Wie** konnte es dazu kommen? usw.
- Verwende bei der Beschreibung des Ablaufs möglichst das **Präteritum**, damit deine Darstellung nicht unbeholfen klingt. Wenn du das Perfekt verwenden würdest, müsstest du nämlich ständig die Hilfsverben **haben** und **sein** wiederholen.
- **Sprich dein Gegenüber** hin und wieder auch **direkt an**. Auf diese Weise zeigst du ihm, dass du dich in ihn hineinversetzen kannst.

  Beispiel: Das kannst du dir wohl kaum vorstellen.

194 Informiere einen Freund darüber, wie Till Eulenspiegel sich an den Bürgern seiner Stadt gerächt hat. Schreibe ungefähr 250 Wörter (→ Heft).

Stelle dir Folgendes vor:

Du warst Zeuge, als Till Eulenspiegel sein „Kunststück" mit den hundertzwanzig Schuhen vorgeführt hat – und du hast auch gesehen, wie das Ganze ausgegangen ist: nämlich mit einer Massenprügelei. Darüber informierst du am nächsten Tag einen Freund, der nicht dabei war. Beginne so:

Hast du schon gehört? Gestern gab es in der Uferstraße eine Massenprügelei. 120 Leute waren in die Prügelei verwickelt. Fast zwei Stunden schlugen sie aufeinander ein.

Natürlich will dein Freund jetzt auch wissen, wie es zu dieser Massenprügelei gekommen ist. Das erzählst du ihm anschließend. Du kannst folgendermaßen fortfahren:

Das Ganze fing damit an, dass Till Eulenspiegel, der stadtbekannte Tunichtgut, …

Kapitel 8:
Ist ja auch nichts für ein Mädchen

Eigentlich hatte es ganz friedlich angefangen. Jürgen war über den Zaun gesprungen und Anke ihm nach.

„Prima!“, sagte er. „Aber jetzt kommst du nicht mehr drüber.“

Und er hatte einen Stock über die Pfähle gelegt.

„Das ist zu hoch für dich.“

Anke schaffte es aber doch.

„Na ja“, sagte Jürgen.

Dann rannten sie los. Anke war schneller. Sie standen da, keuchten und schnappten nach Luft, und Jürgen war sauer. Anke lachte.

„Ruh dich aus“, sagte sie und setzte sich ins Gras.

Jürgen kaute auf einem Holzspan herum und spuckte ihn aus. Starrte in die Ferne.

„Für'n Mädchen bist du ganz gut“, sagte er. „Aber wenn wir'n Ringkampf machen, verlierst du.“

Anke zuckte die Achseln.

„Traust dich ja auch nicht.“

„Schon“, sagte Anke.

„Überhaupt nicht“, sagte Jürgen. „Ist ja auch nichts für'n Mädchen.“

Anke stand auf.

„Geh'n wir?“, sagte Jürgen.

„Wenn du unbedingt willst ...“

„Was?“, fragte Jürgen.

„Na, den Ringkampf“, sagte Anke.

„Nachher tu ich dir weh und dann heulste“, sagte Jürgen.

„Du?“, sagte Anke. „Du Plüschtiger.“

Und dann packten sie sich.

„Wer mit beiden Schulterblättern auf die Erde kommt, hat verloren“, rief Jürgen.

Er versuchte, sie seitlich runterzudrücken. Anke wand sich aus seinen Händen. Beim zweiten Mal stieß er ihr von hinten sein Bein in die Kniekehlen.

„Das ist gemein!“, schrie Anke.

Er hatte einen Arm um ihren Hals gelegt und wollte sie aus dem Stand ziehen. Aber das schaffte er nicht. Er ließ los und fing an, sie zu kitzeln.

Da kriegte Anke Wut. Sie schmiss sich voll auf ihn. Als sie unter seinem Arm durchgriff, spürte sie, dass sie stärker war.

Sie duckte sich leicht und auf einmal hatte sie Jürgen über ihre Schultern geworfen, er lag da, und sie kniete auf ihm. Ganz schnell war das gegangen. Sein Gesicht war vor Wut verzerrt.

„Beide Schulterblätter auf der Erde!“, schrie Anke.

„Lass mich los“, sagte Jürgen. „Hörst du – du sollst mich loslassen!“

„Ich hab' aber gewonnen“, sagte Anke. „Gibst du's zu?“

Sie sprang zur Seite. Jürgen kam hoch und klopfte sich die Kleider ab.

„Gar nichts geb' ich zu“, sagte er.

„Du bist gemein!“, schrie Anke. „Ich hab' gesiegt! Ich bin stärker als du.“

„Ich würd' den Mund halten“, sagte Jürgen. „Oder findest du das toll für'n Mädchen?“

„Wieso?“, sagte Anke.

„Na ja“, sagte Jürgen. „Du willst doch wohl nicht Boxer werden oder Preisringer.“

Er saß auf einem Stein und zupfte an seinem Strumpf herum. Grinste.

„Das Mädchen, das jeden schlägt“, sagte er. „Die Frau mit den eisernen Fäusten. Glaubst du, dass sich für so eine jemals ein Junge interessiert?“

Anke blickte ihn an. Schwieg.

„Du kannst natürlich auf dem Jahrmarkt Geld verdienen. Als Muskeltante“, sagte Jürgen. „'n Mann kriegst du sowieso nicht. So was mag doch keiner.“

„Rutsch mir doch den Buckel 'runter!“, sagte Anke.

Sie drehte sich um und ging weg. Tränen schossen ihr in die Augen. Es war mehr aus Wut.

„He!“, rief Jürgen und sprang auf. „Wohin willst du denn? Bleib doch!“, rief er. „Ich hab's doch nicht so gemeint. Ich mag dich doch“, sagte er.

Aber das hörte sie schon nicht mehr.

Textsorten kennen

195 Der Text „Ist ja auch nichts für ein Mädchen" ist eine **Erzählung** und **kein Schwank**. Erkläre, woran du das erkennst. Setze die begonnene Erklärung fort.

In der Geschichte geht es zwar auch darum, dass jemand, der am Anfang als der Stärkere erscheint, am Ende eine Niederlage erleidet; und derjenige, der am Anfang als der Schwächere erscheint, ist am Ende der Sieger. Aber …

____

____

196 Wodurch wirkt die Erzählung lebendig? Nenne ein „Gestaltungsmerkmal" und erkläre seine Wirkung.

____

____

Den Text verstehen

197 Wie kommt es zwischen Jürgen und Anke zum Streit? Ergänze die Handlungsschritte.

a Jürgen springt über einen Zaun, Anke ______________________________ .

b Jürgen legt einen Stock über die Zaunpfähle. Er glaubt, dass ______________

______________________________ .

Aber Anke ______________________________ .

c Jürgen und Anke rennen um die Wette. Anke ______________________________ .

Da ist Jürgen ______________________________ .

d Jürgen meint, dass Anke ihn in einem Ringkampf ______________________________

______________________________ .

e Anke will ______________________________ .

f In dem Ringkampf ______________________________ .

g Jürgen will nicht zugeben, dass ______________________________ .

h Da wird Anke ______________________________ .

198 Ergänze, was Jürgen anschließend jeweils sagt.

Das passiert:	Das sagt Jürgen:
Jürgen springt über den Zaun. Anke springt ihm nach.	
Er legt einen Stock über die Zaunpfähle.	
Sie springen beide. Anke schafft es, hinüberzuspringen.	
Sie rennen los. Anke ist schneller.	
Anke besiegt Jürgen im Ringkampf. Sie kniet auf ihm und ruft: „Beide Schulterblätter auf der Erde!“	
Anke sagt: „Ich hab’ aber gewonnen. Gibst du’s zu?“	
Anke sagt: „Ich hab’ gesiegt! Ich bin stärker als du.“	

199 Jürgen verhält sich während des Ringkampfs zweimal unfair. Was tut er?

- ______________________________
- ______________________________

200 Wie fühlt sich Anke, nachdem Jürgen zum zweiten Mal unfair gewesen ist? Schreibe den Satz heraus.

____

201 Anke nennt Jürgen einmal einen „Plüschtiger“ (Z. 30). Erkläre, was sie damit meint.

____

____

____

____

202 **a** Weiß Anke von Anfang an, dass sie den Ringkampf gewinnen wird?

☐ Ja, sie ist sich von Anfang an sicher, dass sie die Stärkere ist.

☐ Nein, sie weiß nicht genau, ob sie die Stärkere ist.

b Begründe deine Entscheidung: Unterstreiche die Textstelle, die das zeigt.

203 Erkläre, warum Jürgen kurz nach dem Ringkampf plötzlich *grinst* (vgl. Z. 55).

204 An einer Stelle sagt Jürgen: *„'n Mann kriegst du sowieso nicht. So was mag doch keiner."* (Z. 60)
Am Schluss sagt er: *„Ich mag dich doch."* (Z. 65)

a Hat er seine Meinung über Anke geändert? Kreuze an.

☐ Ja, er hat seine Meinung geändert.

☐ Nein, er hat seine Meinung nicht geändert.

b Begründe deine Entscheidung.

205 Nimm Stellung zur **Überschrift**. Verfahre so:

- Sage zuerst, wer diese Worte spricht.
- Erkläre, was damit gemeint ist.
- Äußere dich dann dazu, ob du Ankes Verhalten für richtig hältst. Begründe deine Meinung ausführlich.

Die Sprache untersuchen

Die Silbe als kleinster Wortbaustein (1)

- Die kleinsten „Bausteine“ eines Wortes sind die **Silben**. Jede Silbe hat in ihrem Kern einen **Vokal**.

  Beispiele: Ba|na|ne, An|ke

- In einigen Wörtern gibt es Silben, die nur aus einem **einzigen Vokal** bestehen. Meist steht eine solche „Mini-Silbe“ am Wortanfang. *Achtung:* Diese Silben dürfen bei der Silbentrennung am Zeilenende nicht abgetrennt werden.

  Beispiele: edel, Abend, Ofen

206 Ergänze die fehlenden „Mini-Silben“ am Wortanfang. Infrage kommen die Vokale **a, e, i, o, u** und die Umlaute **ä, ö** und **ü**. Achte auf die Groß- und Kleinschreibung.

Hinweis: Manchmal gibt es mehr als eine Lösung. Notiere dann alle Möglichkeiten, die dir einfallen.

a ___lend	b ___sel	c ___ber
d ___pa	e ___dee	f ___de
g ___rin	h ___fer	i ___ben
j ___tem	k ___gel	l ___gal

Die Silbe als kleinster Wortbaustein (2)

Bei den meisten Silben begleiten ein oder mehrere **Konsonanten** den Vokal. Die Konsonanten können an unterschiedlichen Stellen stehen.

- Konsonant am **Silbenanfang:**

  Beispiele: ma|ger, Ro|se, Da|me

- Konsonant am **Silbenende:**

  Beispiele: En|de, Or|den

- Konsonanten am **Silbenanfang und Silbenende:**

  Beispiele: Käl|te, sen|den

- **Konsonantengruppen** am Silbenanfang und/oder Silbenende

  Beispiele: Stuhl, spa|ren, schluch|zen

207 Wie viele zweisilbige Wörter kannst du aus den folgenden Silben zusammensetzen? Kombiniere jede Silbe aus der Tabelle mit möglichst vielen Silben aus dem Kasten. Achte auf die Groß- und Kleinschreibung.

DE – DEL – DELN – DEN – DER – DERN – KE – KEL – KEN – LE – LEN – LIG – NE – NIG – TEN – TER – ZE – ZEN – ZER – ZIG

WAN-	WEN-	WIN-
+DEL: *Wandel*, +DELN: *wandeln*, +DERN: *wandern*, +KEN: *wanken*, +NE: *Wanne*, +ZE: *Wanze*		
WON-	**WUN-**	**WAL-**
WEL-	**WIL-**	**WOL-**

208 Zerlege die folgenden Wörter in ihre Silben. Markiere die Grenzen zwischen den Silben mit |.

- **a** Holzspan
- **b** Wetterlage
- **c** Schulterblätter
- **d** Erdbeere
- **e** Unterricht
- **f** Klassenkasse
- **g** Superstar
- **h** Preisringer
- **i** Fußballverein
- **j** Reisebüro
- **k** Kniekehlen
- **l** Hausaufgaben
- **m** Mutprobe
- **n** Spielwiese
- **o** Sommerferien
- **p** natürlich
- **q** Gartenzaun
- **r** Muskeltante

Zeitform Plusquamperfekt (1)

- Mit dem Plusquamperfekt drückt man aus, dass ein bestimmtes Ereignis noch **länger zurückliegt** als alle anderen Ereignisse, von denen man bereits in der Vergangenheit erzählt. Das Plusquamperfekt ist also die „stärkste" Vergangenheit!
  Beispiel: Eigentlich hatte es ganz friedlich angefangen.
  (So beginnt die Erzählung „Ist ja auch nichts für ein Mädchen".)
- Man bildet das Plusquamperfekt – genau wie das Perfekt – mit den **Hilfsverben sein** und **haben** und der **dritten Form des Verbs** (dem **Partizip Perfekt**).
  Die Hilfsverben stehen beim Plusquamperfekt im **Präteritum**, beim Perfekt dagegen im Präsens.

Beispiele:

Plusquamperfekt	**Perfekt**
Sie war nach Hause gegangen.	Sie ist nach Hause gegangen.
Er hatte mir Bescheid gesagt.	Er hat mir Bescheid gesagt.

209 Wandle die gegebenen Formen des Perfekts in das Plusquamperfekt um.

Perfekt	Plusquamperfekt
Jürgen ist über den Zaun gesprungen.	
Anke hat das auch geschafft.	
Die beiden haben sich gepackt.	
Jürgen hat Anke gekitzelt.	
Anke hat sich darüber geärgert.	
Sie hat Jürgen besiegt.	
Er hat sie verspottet.	
Anke ist wütend weggegangen.	

210 Perfekt oder Plusquamperfekt? Kreuze an.

	Perfekt	Plusquamperfekt
a Tom hatte seine Oma besucht.	☐	☐
b Die Klasse 5a hat ein Stück einstudiert.	☐	☐
c Sie ist ins Kino gegangen.	☐	☐
d Er war wieder einmal zu spät gekommen.	☐	☐
e Er hatte sein Geld vergessen.	☐	☐
f Der Bus hat Verspätung gehabt.	☐	☐
g Die Mutter war einkaufen gewesen.	☐	☐

211 Präteritum oder Plusquamperfekt? Kreuze an.

		Präteritum	Plusquamperfekt
a	Meine Eltern waren in London.	☐	☐
b	Sie hatten die Stadt noch nie zuvor gesehen.	☐	☐
c	Das Wetter dort war nicht gut.	☐	☐
d	Das war aber nicht unerwartet für sie.	☐	☐
e	Sie hatten schon vom Wetter in England gehört.	☐	☐
f	Bei Regen waren sie ins Museum gegangen.	☐	☐
g	So hatten sie die Zeit gut genutzt.	☐	☐
h	Gestern waren sie wieder hier in Deutschland.	☐	☐
i	Sie waren von ihrer Reise begeistert.	☐	☐

Zeitform Plusquamperfekt (2)

- Das Plusquamperfekt zu verwenden ist nur dann sinnvoll, wenn es einen **„Partner-Satz" im Präteritum** gibt.

  Beispiel: Die Kinder hatten gerufen. Da schaute die Mutter aus dem Fenster.
  (Die 1. Aussage wird erst im Zusammenhang mit dem 2. Satz sinnvoll.)

- Im Beispiel oben stehen beide Sätze **nacheinander**. Sie bilden eine **Satzreihe**. Man kann sie aber auch als **Satzgefüge** (Hauptsatz + Nebensatz) **miteinander verknüpfen** (vgl. S. 144).

  Beispiel: Nachdem die Kinder gerufen hatten, schaute die Mutter aus dem Fenster.
  Nebensatz — *Hauptsatz*

212 Bilde Satzgefüge. Schreibe die Nebensätze im Plusquamperfekt und leite sie mit „nachdem" ein.

a Jürgen sprang über den Zaun. Anke sprang ihm nach.

Nachdem Jürgen über den Zaun gesprungen war, sprang Anke ihm nach.

b Anke schaffte es auch über die Pfähle. Jürgen war ein wenig beeindruckt.

____

c Sie rannten um die Wette. Sie schnappten nach Luft.

____

d Jürgen sprach von einem Ringkampf. Anke war einverstanden.

____

e Er kitzelte sie ein paar Mal. Anke ärgerte sich.

f Sie besiegte Jürgen. Er verspottete sie als „Muskeltante“.

Richtig schreiben

Das Komma bei der Aufzählung

- Die einzelnen **Glieder einer Aufzählung** werden entweder durch **Komma** voneinander getrennt oder durch die Wörter **und** oder **oder** miteinander verbunden.
  Beispiel: Ich brauche Eier, Brot *und* Butter.
- Die Glieder einer Aufzählung können **unterschiedlich lang** sein.
  Beispiel: Die Besucher aßen Kuchen, tranken Kaffee *oder* sahen sich Vorführungen an.
- Auch **Sätze** können eine Aufzählung bilden. Dann kann man sie auch durch **Komma** voneinander trennen (wenn man keinen Punkt setzen will). Mit dem Komma zeigt man, dass die Sätze enger zusammengehören als mit einem Punkt.
  Beispiel: Jürgen kitzelte Anke, sie beschwerte sich, er hörte damit auf.

213 Markiere die Grenzen zwischen den einzelnen Gliedern der Aufzählung: Setze die fehlenden Kommas und unterstreiche die Wörter „und“ bzw. „oder“.

a In der Schule lernen die Schüler viele Fächer: Deutsch Englisch Mathematik Erdkunde Biologie Sport Musik und Kunst.

b Auch der Nachmittag ist nicht immer frei von Pflichten: Hausaufgaben sind zu erledigen das Zimmer ist aufzuräumen oder Geschirr muss abgewaschen werden.

c Aber oft gibt es auch Zeit für angenehme Dinge: Man kann mit Freunden telefonieren im Internet surfen mit dem Hund spazieren gehen oder ganz einfach faulenzen.

d Am schönsten ist natürlich das Wochenende: Man kann lange schlafen Freunde treffen ins Kino gehen oder einen Schaufensterbummel machen.

e Leider ist das Wochenende meist kurz und am Montag beginnt eine neue Arbeitswoche: Der Wecker klingelt man muss früh aufstehen muss zur Schule gehen und am Nachmittag seine Pflichten erledigen.

Lang gesprochene Vokale

- **Lang gesprochene Vokale** werden meist **nicht besonders gekennzeichnet**. Das gilt auch für die Umlaute (ä, ö, ü).
  Beispiele: Rasen, Wege, lügen, sparen, mutig, edel
- In einigen Wörtern folgt nach einem lang gesprochenen Vokal jedoch ein sogenanntes **Dehnungs-h**. Das geschieht aber nur vor einem dieser Konsonanten: **l, m, n, r**. Das Dehnungs-h ist stumm, d. h., man kann es nicht hören.
  Beispiele: Fehl**er**, Ruh**m**, Woh**n**ung, fah**r**en
- Ein stummes h kann auch den **Beginn einer neuen Silbe** anzeigen. Nach einem h am Silbenanfang folgt oft ein **e** oder **en**.
  Beispiele: ge|**hen**, flie|**hen**, Ru|**he**
- Sowohl das Dehnungs-h als auch das h am Silbenanfang bleibt in **allen Wörtern aus derselben Wortfamilie** erhalten.
  Beispiele: fahren: du fährst, Gefahr, verfahren
  gehen: er geht, Vergehen, Gehweg

214 Suche aus der Erzählung „Ist ja auch nichts für ein Mädchen" alle Wörter heraus, die ein **Dehnungs-h** oder ein **h am Silbenanfang** enthalten.

- Trage die Wörter in die passende Tabellenspalte ein.
- Markiere die Silbengrenzen mit |.
- Schreibe die Verben jeweils in der Grundform auf.

Wörter mit Dehnungs-h	Wörter mit h am Anfang einer Silbe
ihm	*(sich) aus|ru|hen*

215 Schreibe nun zehn Wörter aus dem Text heraus, in denen ein Vokal lang gesprochen wird, ohne dass ein Dehnungs-h folgt.

Die persönliche Anrede im Brief

- Die Höflichkeitsanrede **Sie** schreibt man **immer groß** – nicht nur in Briefen. Auch die davon abgeleitete Form **Ihnen** wird großgeschrieben. Gleiches gilt für die zugehörigen besitzanzeigenden Fürwörter (Possessivpronomen, vgl. S. 127): **Ihr** (Auto), **Ihre** (Wohnung), **Ihres** (Vaters), **Ihrem** (Mann) und **Ihren** (Hund).

  Beispiel: Sehr geehrte Frau Wolf,
  für Ihre Glückwünsche zu meinem Geburtstag möchte ich mich herzlich bei Ihnen bedanken. Es hat mich gefreut, dass Sie an mich gedacht haben …

- Wenn man einen **persönlichen Brief** schreibt, also einen Brief an Freunde oder Verwandte, verwendet man die Anreden **du** und **ihr**. In diesem Fall hat man die Wahl: Man kann beide Wörter **groß- oder kleinschreiben**. Das gilt aber nur für Briefe! In allen anderen Texten schreibt man die Anreden **du** und **ihr** immer klein.

- Man sollte sich in einem Brief allerdings für eine Schreibweise entscheiden: entweder **immer groß** – oder **immer klein**! Wählt man die Großschreibung, schreibt man auch alle anderen Formen dieser Wörter (**Dich, Dir** und **Euch**) sowie die besitzanzeigenden Fürwörter (**Dein, Deine, Deiner, Deinem, Deinen** …) groß.

  Beispiel: Liebe Oma,
  nun sind ja bald Ferien, und ich freue mich schon darauf, Euch zu besuchen. Ich hoffe, Du hast Deine Erkältung überwunden und Dir geht es wieder richtig gut ….

216 Wie ist es richtig: **Sie** oder **sie**? **Ihnen** oder **ihnen**?
Trage die Wörter richtig ein.

Sehr geehrter Herr Schwarz,

im Namen der Klasse 5c schreibe ich ____________ (ihnen/Ihnen) diesen Brief. Wie ____________ (sie/Sie) gestern sagten, wollen ____________ (sie/Sie) uns morgen eine Mathearbeit schreiben lassen. Die meisten Schüler haben aber die Aufgaben noch nicht verstanden. Können ____________ (sie/Sie) uns nicht noch einmal erklären, wie man ____________ (sie/Sie) richtig löst? Wir wären ____________ (ihnen/Ihnen) sehr dankbar, wenn ____________ (sie/Sie) die Arbeit um eine Woche verschieben könnten. Viele Schüler haben einfach Angst davor, dass ____________ (sie/Sie) sonst eine Fünf schreiben würden. Das könnte ____________ (ihnen/Ihnen) die Mathenote im nächsten Zeugnis verderben. Und ____________ (ihnen/Ihnen) würde es bestimmt auch nicht gefallen, wenn die Arbeit schlecht ausfiele. Denken ____________ (sie/ Sie) bitte noch einmal darüber nach, ob ____________ (sie/Sie) den Termin nicht verlegen können.

Mit freundlichen Grüßen

Ingo Redlich

Ingo Redlich
(Klassensprecher der 5c)

Sich schriftlich äußern

Einen persönlichen Brief schreiben
Ein persönlicher Brief ist in der Regel auf eine bestimmte Weise aufgebaut:

- Oben rechts stehen der **Ort** und das **Datum**, damit der Empfänger weiß, wo und wann der Brief geschrieben wurde.
- In einer neuen Zeile folgt die **Anrede**.
- Danach lässt man eine Zeile frei und beginnt mit dem eigentlichen Brief. Zuerst nennt man den **Anlass** des Schreibens. Man teilt dem Empfänger also mit, warum man ihm schreibt.
  Beispiel: Liebe Oma,
  zum Geburtstag möchte ich dir ganz herzlich gratulieren …
- Anschließend **erzählt** man dem Empfänger etwas, das für ihn neu ist. Versuche, dich in ihn **hineinzuversetzen**. Frage dich: Was weiß er noch nicht? Was könnte ihn interessieren? Was ist ihm wichtig?
- Gelegentlich drückt man auch **Gedanken und Gefühle** aus. Dadurch wirkt der Brief lebendig und ehrlich.
- Hin und wieder sollte man die Person **direkt ansprechen**. So zeigt man, dass man an sie denkt.
  Beispiel: Ich glaube, Oma, dass es dich freut, das zu hören.
- Zum **Schluss** geht man noch einmal direkt auf den Empfänger ein, etwa mit **guten Wünschen**. Oder man sagt, welche **Erwartungen** man an ihn hat.
  Beispiel: Ich hoffe, es geht dir gut und wir sehen uns bald wieder!
- Ganz am Ende folgt ein persönlicher **Gruß** und der **Name** des Schreibers.
  Beispiel: Herzliche Grüße
  Dein(e) …

217 Stelle dir vor, dass Jürgen einen Brief an Anke schreibt, um sich bei ihr für sein Verhalten zu entschuldigen. Schreibe diesen Brief (→ Heft).
Er sollte ungefähr 150 Wörter lang sein.

In diesem Brief solltest du Folgendes zum Ausdruck bringen:
- Es tut Jürgen leid, dass er Anke mit seinen Worten verletzt hat.
- Er versucht zu erklären, warum er so gehässig war.
- Er möchte sich mit ihr wieder vertragen.
- Er sagt ihr noch einmal ausdrücklich, dass er sie mag und dass er gern mit ihr zusammen ist.
- Er hofft, dass sie ihm verzeiht.

Kapitel 9: Die Kinder zu Hameln

Im Jahr 1284 ließ sich zu Hameln ein wunderlicher Mann sehen, der einen Rock[1] von vielfarbigem, buntem Tuch anhatte und sich für einen Rattenfänger ausgab. Er versprach, die Stadt von allen Mäusen und Ratten zu befreien; zum Dank dafür wollte er von ihnen Geld bekommen. Die Bürger wurden mit ihm einig und versicherten ihm eine bestimmte Summe.

Der Rattenfänger zog danach ein Pfeifchen heraus und pfiff. Es dauerte nicht lange, da kamen die Ratten und Mäuse aus allen Häusern hervorgekrochen und sammelten sich um ihn herum. Als er nun meinte, es wäre keine einzige Ratte zurückgeblieben, ging er zur Stadt hinaus, und der ganze Haufen folgte ihm. So führte er die Tiere zur Weser. Dort band er seine Kleider hoch und trat in den Fluss. Darauf folgten ihm alle Ratten und Mäuse in den Fluss und ertranken.

Als die Bürger aber von ihrer Plage befreit waren, reute es sie, dass sie dem Rattenfänger dafür einen Lohn versprochen hatten, und sie weigerten sich unter allerlei Vorwänden, ihm das Geld zu zahlen. So ging er zornig und erbittert fort.

Am 26. Juni morgens früh um sieben Uhr kam er aber noch einmal zurück. Diesmal war er wie ein Jäger gekleidet. Mit einem roten, wunderlichen Hut sah er furchterregend aus. Wieder ließ er seine Pfeife in den Gassen hören. Aber diesmal kamen nicht Ratten und Mäuse, sondern Kinder, Knaben und Mädchen, aus den Häusern gelaufen. Das jüngste Kind war erst drei Jahre alt, und das älteste war die schon erwachsene Tochter des Bürgermeisters. Der ganze Schwarm folgte dem Fremdling. Er führte sie hinaus zu einem Berg, worin er mit ihnen verschwand. Dies hatte ein Kindermädchen gesehen, das ihm mit einem Kind auf dem Arm von fern nachgezogen war, danach aber umkehrte und dann das Gerücht in die Stadt brachte.

Die Eltern liefen haufenweise vor alle Tore und suchten mit betrübtem Herzen ihre Kinder; die Mütter fingen an, ganz jämmerlich zu schreien und zu weinen. Sofort wurden Boten zu Wasser und zu Land an alle Orte geschickt, um zu erkunden, ob man nicht zumindest einige der Kinder gesehen hatte. Aber es war alles vergeblich. Im Ganzen waren hundertunddreißig Kinder verschwunden. Zwei sollen, wie einige sagen, sich verspätet haben und zurückgekommen sein: von denen war aber das eine blind, das andere stumm. Deshalb konnte

1 *Rock:* gemeint ist seine Jacke

das blinde Kind zwar erzählen, wie sie dem Spielmann gefolgt waren, aber es konnte den Ort nicht zeigen; das stumme konnte dagegen den Ort zeigen, aber es hatte nichts sagen können. Ein kleiner Junge war im Hemd mitgelaufen und lief noch einmal zurück, um seine Jacke zu holen; dadurch entging er dem Unglück. Als er zurückkam, waren die andern Kinder schon verschwunden.

Die Straße, durch die der Rattenfänger die Kinder zum Tor hinausgeführt hatte, hieß noch in der Mitte des 18. Jahrhunderts die *stille Straße*, weil jeder, der hier entlangging, still schweigen musste; dort durfte nicht musiziert und nicht gelacht und getanzt werden. Ja, sogar wenn eine Hochzeit gefeiert wurde und wenn die Braut mit Musik zur Kirche gebracht wurde, mussten die Spielleute stille sein, wenn sie durch diese Gasse kamen.

Der Berg bei Hameln, wo die Kinder verschwanden, heißt seitdem der *Puppenberg*. Dort sind links und rechts zwei steinerne Kreuze aufgerichtet worden. Einige sagen, die Kinder wären in eine Höhle geführt worden und in Siebenbürgen[2] wieder herausgekommen. Man hat aber nie wieder etwas von ihnen gehört.

Die Bürger von Hameln haben die Begebenheit in ihr Stadtbuch eintragen lassen, und im Jahre 1572 ließ der Bürgermeister die Geschichte in den Kirchenfenstern abbilden.

2 *Siebenbürgen:* Gebiet im heutigen Rumänien

Textsorten kennen

Die Sage

- Sagen sind alte Erzählungen, die anfangs **mündlich weitererzählt** und **später aufgeschrieben** wurden.
- In vielen Sagen kommt **Wundersames** vor, z. B. Heinzelmännchen, Zwerge, Hexen, Riesen oder Ungeheuer.
- Anders als im Märchen wird in Sagen jedoch der Eindruck erweckt, als ob das Geschehene tatsächlich **genau so passiert** sei. Das merkt man z. B. daran, dass **Orte** genannt und **genaue Zeitangaben** gemacht werden.
  Beispiel: Im Jahr 1284 ließ sich zu Hameln ein wunderlicher Mann sehen …
- Viele Sagen erteilen **eine Lehre**. Sie erzählen davon, wie Menschen Fehler gemacht haben und am Ende für ihr Fehlverhalten bestraft werden. Das ist wie eine Mahnung: Der Leser wird ermahnt, schlechte Verhaltensweisen zu unterlassen, da er sonst damit rechnen muss, bestraft zu werden.

218 Welche genauen Angaben werden in der Sage „Die Kinder zu Hameln" gemacht?

a Ort: ____________________

b Datum und Uhrzeit: ____________________

____

219 An drei Stellen wird in der Sage erwähnt, dass etwas mündlich weitererzählt wird. Wer erzählt was? Schreibe dazu je einen Satz. Verwende die Satzanfänge.

a Ein Kindermädchen sagt, dass die Kinder ____________________

____

____________________.

b Einige Bürger sagen, dass zwei Kinder ____________________

____

____________________.

c Einige Menschen sagen, dass die Kinder ____________________

____

____________________.

Den Text verstehen

220 Wie ist der Rattenfänger gekleidet? Male die Bilder farbig aus.

Bei seinem ersten Besuch

Bei seinem zweiten Besuch

221 Für den Rattenfänger wird zweimal das Adjektiv „wunderlich“ verwendet. Erkläre, warum.

____

222 Welches Angebot macht der Rattenfänger den Bürgern von Hameln? Fülle die Lücken passend aus.

Er verspricht ihnen, dass er ____

____ ,

wenn sie ihm dafür ____ .

223 Was halten die Bürger von diesem Versprechen?

Kreuze an.

		stimmt	stimmt nicht
a	Sie wissen, dass er sein Versprechen halten kann.	☐	☐
b	Sie hoffen, dass er sein Versprechen halten wird.	☐	☐
c	Sie glauben nicht, dass er sein Versprechen halten wird.	☐	☐

224 Welches Instrument benutzt der Rattenfänger, um die Ratten und Mäuse aus den Häusern zu holen? Antworte mit einem vollständigen Satz.

____

225 Wohin bringt der Rattenfänger die Ratten und Mäuse? Schreibe einen Satz.

____

226 Es heißt, dass der Rattenfänger die Bürger von einer Plage befreit hat (vgl. Z. 13). Erkläre, was das bedeutet.

____

____

227 Wie haben sich die Bürger gegenüber dem Rattenfänger verhalten? Kreuze an, was am besten passt.

Sie haben den Rattenfänger …

- ☐ ausgenutzt.
- ☐ betrogen.
- ☐ ausgelacht.
- ☐ vertrieben.

228 Welche Gefühle hat der Rattenfänger nach seinem ersten Besuch in der Stadt?

Er empfindet ____________________ und ____________________.

229 Wohin bringt der Rattenfänger die Kinder? Antworte mit einem ganzen Satz.

____

____

230 Wie alt ist das jüngste Kind, das mitgeht? Unterstreiche das richtige Alter.

Das jüngste Kind ist *drei / vier / fünf* Jahre alt.

231 Für wie alt hältst du das älteste Kind, das mitgeht? Kreuze an.

- ☐ Es ist jünger als 10 Jahre.
- ☐ Es ist zwischen 10 und 15 Jahre alt.
- ☐ Es ist älter als 15 Jahre.

232 Wie viele Kinder entgehen dem Unglück? Kreuze an.

- ☐ ein Kind
- ☐ zwei Kinder
- ☐ drei Kinder
- ☐ vier Kinder

233 Warum können zwei der geretteten Kinder nicht mitteilen, was mit den anderen Kindern geschehen ist? Erkläre. Schreibe über jedes der Kinder einen Satz.

____

____

____

____

234 Wie reagieren die Bürger auf den Verlust der Kinder? Schreibe dazu vier Sätze. Du findest die Informationen im fünften Absatz.

- ____
- ____
- ____
- ____

235 Welches Ziel verfolgt der Rattenfänger bei seinem zweiten Besuch? Schreibe einen kurzen Satz.

____

236 Wie zeigt die Stadt Hameln, dass sie die verschwundenen Kinder nie vergessen will? Schreibe dazu insgesamt drei Sätze. Du findest die Informationen in den letzten beiden Absätzen.

- ____
  ____
- ____
  ____
- ____
  ____

237 Welche Mahnung wird durch die Sage mitgeteilt? Schreibe mit eigenen Worten auf, was der Leser aus der Geschichte lernen kann.

____

____

____

238 Nimm Stellung zu dieser Frage:
Wie ist das Verhalten des Rattenfängers zu bewerten?

Schreibe ungefähr 50 Wörter (→ Heft).

Hinweis: Wenn man ein Verhalten bewertet, dann sagt man, was man davon hält. Du musst also überlegen: Wie findest du das, was der Rattenfänger getan hat? Beginne deine Stellungnahme mit einer **allgemeinen Aussage**:

Ich finde das Verhalten des Rattenfängers ...

Schreibe anschließend eine **ausführliche Begründung**.

Die Sprache untersuchen

Wortart Pronomen: Personalpronomen

- Pronomen sind kleine Wörter, die als **Ersatz für Wörter oder Wortgruppen** verwendet werden können. So lassen sich Wortwiederholungen vermeiden.

  Beispiele: Der Rattenfänger lockte die Ratten aus den Häusern.
  Dann führte der Rattenfänger die Ratten zur Weser. *(Wiederholungen)*
  → Dann führte er sie zur Weser. *(Ersatz durch Pronomen)*

- **Personalpronomen** können für Personen oder Sachen stehen.

Beispiele:	Markus Schröder, Schüler der Kl. 5b	→ ich	*1. Person Singular*
	Nora Templin, Schülerin der Kl. 5a	→ du	*2. Person Singular*
	ein Junge/eine Sängerin/ein Heft	→ er/sie/es	*3. Person Singular*
	meine Eltern und ich	→ wir	*1. Person Plural*
	deine Eltern und du	→ ihr	*2. Person Plural*
	die Bücher	→ sie	*3. Person Plural*

- Ein Pronomen kann erst verwendet werden, wenn die **Person** oder **Sache**, die es ersetzen soll, kurz **vorher genannt** worden ist. Sonst versteht der Leser nicht, wer oder was damit gemeint ist.

  Beispiel: Im Jahr 1284 kam er nach Hameln. *(Man weiß nicht, wer mit „er“ gemeint ist.)*
  Im Jahr 1284 kam ein wunderlicher Mann nach Hameln. Er versprach, die Stadt von den Ratten und Mäusen zu befreien. *(Hier weiß man, wer mit „er“ gemeint ist.)*

239 
Überarbeite den folgenden Text so, dass er verständlich wird. Verfahre so:

- Streiche alle Personalpronomen durch, die für Unklarheiten sorgen.
- Schreibe den Text ab und setze dort, wo du ein Personalpronomen durchgestrichen hast, die passenden Worte ein.

Im Jahr 1284 kam er nach Hameln. Er hatte ihn an und gab sich für einen Rattenfänger aus. Er versprach, sie von ihnen zu befreien; zum Dank dafür wollte er es von ihnen bekommen. Sie wurden mit ihm einig und versicherten ihm sie. Danach zog er es heraus und pfiff. Es dauerte nicht lange, da kamen sie aus ihnen hervorgekrochen und sammelten sich um ihn herum. Als er nun meinte, nicht sie wäre zurückgeblieben, ging er zur Stadt hinaus, und er folgte ihm. So führte er sie zur Weser. Dort band er sie hoch und trat in den Fluss. Darauf folgten sie ihm und ertranken.

Wortart Pronomen: Demonstrativpronomen und Possessivpronomen

Nicht alle Pronomen sind immer ein Ersatz für ein Wort oder eine Wortgruppe. Es gibt auch Pronomen, die zum **Begleiter** eines Nomens werden können:

- **Demonstrativpronomen** (hinweisende Fürwörter: *dieser, diese, dieses*) können entweder als **Stellvertreter** (Ersatz) oder als **Begleiter** verwendet werden.

  Beispiele: Eines Tages kam ein wunderlicher Mann nach Hameln. Dieser *(Stellvertreter)* versprach den Bürgern, die Stadt von allen Ratten und Mäusen zu befreien. Diese Tiere *(Begleiter)* waren für die Menschen eine Plage.

- **Possessivpronomen** (besitzanzeigende Fürwörter: *mein, dein, sein, unser, euer, ihr*) werden meistens als **Begleiter** von Nomen verwendet. Sie können aber auch **Stellvertreter** sein.

  Beispiele: Ist das dein Rucksack? *(Begleiter)* – Nein, das ist nicht meiner. *(Stellvertreter)*

240 Suche in der Sage alle **Nomen** heraus, die ein **Possessivpronomen** zum Begleiter haben. Erkläre dann, auf wen sich das Possessivpronomen bezieht.

▶ *seine Kleider (Z. 10): die Kleider des Rattenfängers*

▶ ______________________________

▶ ______________________________

▶ ______________________________

▶ ______________________________

▶ ______________________________

241 In Zeile 44 wird in dem Text ein **Demonstrativpronomen** verwendet. Dort heißt es: „*diese* Gasse …“. Erkläre, welche Gasse hier gemeint ist.

____

____

Wortart Pronomen: Demonstrativpronomen „das“

Das Wort **das** wird meistens als Artikel verwendet. Es kann aber auch ein **Demonstrativpronomen** sein. Man **weist** damit auf etwas **zurück**, von dem gerade die Rede war. Das kann auch ein ganzer Satz sein.

Beispiel: *Die Bürger von Hameln wollten dem Rattenfänger nicht den versprochenen Lohn zahlen.* Das ärgerte ihn.

242 Markiere in dem folgenden Text jeweils das Demonstrativpronomen **das** – und unterstreiche die Stellen, auf die es sich bezieht.

Ein seltsamer Mann kam eines Tages in die Stadt Hameln; das erstaunte die Bürger. Er war seltsam gekleidet; schon das machte ihn auffällig. Als er sagte, er könne die Stadt von Ratten und Mäusen befreien, konnten die Bürger das zwar nicht glauben. Aber sie stimmten doch zu und wollten ihm eine bestimmte Summe Geld geben, falls es ihm gelingen sollte, sein Versprechen wahr zu machen. Daraufhin holte er eine Pfeife heraus. Als er hineinblies, lockte das alle Ratten und Mäuse aus den Häusern. Nachdem die Plagegeister in der Weser ertrunken waren, wollte der Rattenfänger seinen Lohn bekommen. Doch die Bürger zahlten ihm nichts. Das machte den Rattenfänger zornig.

Wortart Pronomen: Relativpronomen

- Die Wörter **der, die** und **das** können auch als **Relativpronomen** verwendet werden. Dann beziehen sie sich auf eine Person oder Sache zurück, die gerade genannt worden ist und über die **nachträglich** noch **zusätzliche Informationen** gegeben werden sollen.

  Beispiel: Eines Tages kam **ein Mann** nach Hameln, **der** äußerst wunderlich gekleidet war. *(Zusatzinformation: Er war äußerst wunderlich gekleidet.)*

- Bei dem Satz, der mit einem Relativpronomen beginnt, handelt es sich um einen **Nebensatz**. Das Relativpronomen gibt diesem Nebensatz seinen Namen: **Relativsatz**.
- Ein Relativsatz steht entweder **nach einem Hauptsatz**, oder er ist **in einen Hauptsatz hineingeschoben**.
- Der Relativsatz wird immer **durch Komma vom Hauptsatz getrennt**. Falls er in ihn hineingeschoben ist, muss man zwei Kommas setzen: eines vor dem Relativsatz und eines danach.

  Beispiele: Die Bürger gaben dem Rattenfänger ein Versprechen, **das** sie jedoch nicht ernst nahmen. *(Hauptsatz mit nachfolgendem Relativsatz)*
  Sie wollten das Versprechen, **das** sie dem Rattenfänger gegeben hatten, nicht halten. *(Hauptsatz mit eingeschobenem Relativsatz)*

243 Verwandle die Zusatzinformation, die in Klammern steht, in einen Relativsatz.

Hinweis: Wörter wie „durch“ oder „in“ bleiben im Relativsatz erhalten; sie stehen jeweils vor dem Relativpronomen.

a Die Straße (durch sie hatte der Rattenfänger die Kinder zum Tor hinausgeführt) wurde später die „stille Straße“ genannt.

b Alle Menschen (sie gingen hier entlang) mussten schweigen.

c Sogar eine Hochzeitsgesellschaft (sie kam durch diese Straße) musste still sein.

d Der Berg (in ihm verschwanden die Kinder) heißt „Puppenberg“.

e Von den Kindern (sie wurden entführt) hat man nie wieder etwas gehört.

244 Wandle die unterstrichene Information jeweils in einen Relativsatz um. Füge den Relativsatz an der mit * markierten Stelle in den Hauptsatz ein.

Hinweis: Du musst dabei entweder ein Verb einfügen – oder eines der Wörter in ein Verb verwandeln!

a Die sehr misstrauischen Bürger Hamelns * zweifelten an den Fähigkeiten des Fremden.

b Doch der sich als Rattenfänger ausgebende Mann * konnte seine Ankündigung tatsächlich wahr machen.

c Die undankbaren und geizigen Bürger * verweigerten dem Fremdling die Belohnung.

d Da wurde der sich um seine Belohnung betrogen fühlende Rattenfänger * zornig.

e So kam er am nächsten Tag nach Hameln zurück und entführte die ihm wie Ratten und Mäuse hinterherlaufenden Kinder *.

Richtig schreiben

Der s-Laut

Es gibt **zwei Arten von s-Lauten:** den **stimmhaften**, der weich ist wie das Summen einer Biene, und den **stimmlosen**, der scharf klingt wie das Zischen einer Schlange.

- Den **stimmhaften s-Laut** schreibt man immer mit einem **einzelnen s**.
  Beispiele: Wiese, Rose, lesen, Reise, Vase, Käse, sehen, singen, Sage
- Den **stimmlosen s-Laut** schreibt man entweder mit **ss** oder mit **ß**.
  - Nach einem **kurz gesprochenen Vokal** schreibt man den stimmlosen s-Laut als **ss**.
    Beispiele: Fass, Kuss, essen, wissen, Kasse, Wasser, besser
  - Nach einem **lang gesprochenen Vokal** oder nach den **Vokalpaaren au, äu, ei** oder **eu** schreibt man den stimmlosen s-Laut als **ß**.
    Beispiele: Spaß, stoßen, Buße, Füße, grüßen, äußern, heiß, Strauß, Preußen

Hinweis: In einigen Regionen, z. B. in Süddeutschland, wird nicht zwischen stimmhaften und stimmlosen s-Lauten unterschieden. Dort müssen die Sprecher die richtigen Schreibweisen bei allen Wörtern lernen.

Der s-Laut: Besonderheiten

- Am **Wortende** wird der s-Laut immer **stimmlos** gesprochen. Es sind aber alle drei Schreibweisen (s, ss, ß) möglich.
  Um die richtige Schreibweise herauszufinden, kannst du das **Wort verlängern** (z. B. den Plural bilden). Nur wenn der s-Laut in dem verlängerten Wort **stimmhaft wird**, schreibt man ein **einzelnes s**.

  Beispiele: Haus → Häuser, Los → losen *s-Laut wird stimmhaft → s*
  Gruß → Grüße, groß → größer *s-Laut bleibt stimmlos, langer Vokal → ß*
  Nuss → Nüsse, Kuss → Küsse *s-Laut bleibt stimmlos, kurzer Vokal → ss*

- **Nach kurzem Vokal** schreibt man den stimmlosen s-Laut **nicht mit ss**, wenn ein **p** oder **t** folgt.

  Beispiele: Ast, Feste, basteln, rasten, (er) ist, (du) hast, Wespe, Knospe, verhaspeln
  Aber: (er) küsst, (er) lässt, (ihr) wisst *(wegen Infinitiv: küssen, lassen, wissen)*

245 Ordne die Wörter aus dem Kasten richtig in die folgende Tabelle ein.

ließ, Fluss, Fuß, Musik, dreißig, müssen, heißen, Gasse, reisen, wissen, Esel, Klasse, Besen, Rasen, Hass, fleißig, besiegen, weiß, weise, Tasse, Straße

stimmhafter s-Laut	stimmloser s-Laut nach kurzem Vokal	stimmloser s-Laut nach langem Vokal/Vokalpaar

246 Wie ist es richtig: **s** oder **ss**? Trage ein.

Ga___t, (der Hund) fri___t, (ihr) mü___t, We___te, Ka___e, Mu___ter, lä___tig, lei___e, Wü___te, be___er, Na___e, Ba___t, anfa___en, Ki___en, Re___t, fa___ten, Fe___t, Blä___e, Ma___t, Ka___ten, (ich) wu___te, lu___tig

Das / dass

- Man schreibt **das**, wenn das Wort ein **Artikel**, ein **Relativpronomen** oder ein **Demonstrativpronomen** ist.

  Beispiele: das Haus *(Artikel)*
  Ich kenne das Mädchen, das lacht. *(Relativpronomen)*
  Sie haben ihn belogen; das hätte er nicht gedacht. *(Demonstrativpronomen)*

- In allen anderen Fällen schreibt man **dass**.
  Für die Schreibweise mit **dass** gibt es typische Formulierungen.

  Beispiele: Ich *sagte*, dass ich komme.
  Das Kind *merkte*, dass die Mutter verärgert war.
  Er *wusste*, dass es schon spät war.
  Sie *sah*, dass der Postbote kam.
  Wir *hören*, dass ein Gewitter naht.
  Der Mann *roch*, dass die Milch übergekocht war.
  Es *ist bekannt (schön/wichtig/unerhört …)*, dass bald Ferien sind.

247 Vollende die gegebenen Satzanfänge mit **dass**. Denke dir etwas aus!

a Der Lehrer kündigte an, dass ______________________________.

b Die Schüler dachten, dass ______________________________.

c Einige Kinder wünschen sich, dass ______________________________.

d Die Verkäuferin sagte, dass ______________________________.

e Der Busfahrer erklärte, dass ______________________________.

f Die Reisenden erfuhren, dass ______________________________.

g Die Katze hörte, dass ______________________________.

h Ich finde, dass ______________________________.

i Wir haben gelernt, dass ______________________________.

j Es ist nicht nötig, dass ______________________________.

Sich schriftlich äußern

Eine Geschichte erfinden

Wenn man eine Geschichte erfinden will, braucht man erst einmal eine **Idee**.
So kannst du vorgehen, um eine **interessante Handlung** zu finden:

- **Durchdenke** als Erstes **das Thema**. Sammle dazu deine Einfälle ungeordnet in einem **Cluster:**
  - Schreibe das Thema (z. B.: *Das war Betrug!*) in die Mitte eines Blattes und zeichne einen Kreis darum.
  - Notiere rund um diesen Kreis alles, was dir zum Thema einfällt. Schreibe nur **Stichworte**!
  - Verbinde jedes Stichwort durch eine Linie mit dem Kreis.

Beispiel:

- Nun überlegst du, welche **Handlung** dazu **passen könnte**. Hier ist deine **Fantasie** gefragt. Überlege dir etwas. Ergänze weitere Ideen in deinem Cluster. Hilfreich können diese Fragen sein:
  - Wer könnte beteiligt sein?
  - Wo könnte die Geschichte spielen?
  - Wann könnte sie spielen?
  - Wie könnte das Geschehen ablaufen?
- Mithilfe deiner Vorüberlegungen entwickelst du einen **Plan**. Nimm ein extra Blatt und schreibe die einzelnen **Handlungsschritte** untereinander auf.
- Auf der Grundlage deines Schreibplans schreibst du nun deine Geschichte.

248 Erfinde eine Geschichte zu diesem Thema: **Das war ungerecht!**

a Durchdenke zuerst das Thema. Fertige eine **Ideensammlung** an, und zwar in Form eines **Clusters**.

b Überlege dir zu den Eintragungen im Cluster eine passende **Handlung**. Ergänze weitere Ideen in deinem Cluster.

c Notiere die einzelnen **Handlungsschritte** auf einem extra Blatt.

d Schreibe nun deine Geschichte mit ungefähr 250 Wörtern (→ Heft).

Vergiss nicht, hin und wieder **wörtliche Rede** (oder wörtliche Gedanken) zu verwenden. Dann klingt deine Geschichte lebendiger.

Kapitel 10: Smartphones – mehr als schlaue Telefone

Mobiltelefone sind aus unserem Alltag nicht mehr wegzudenken. Dabei sind die Handys von einst, mit denen man nur telefonieren und SMS versenden konnte, bei den meisten Nutzern längst in der Versenkung verschwunden. Wer auf sich hält, ist heute stolzer Besitzer eines Smartphones. Das gilt sogar schon für die Kleinsten.

Anders als das Wort „Handy" ist das Wort „Smartphone" keine deutsche A
Erfindung, sondern ein echtes englisches Wort. Es besteht aus zwei Teilen: „smart" (schlau) und „phone" (Telefon). Im Grunde sind Smartphones aber viel mehr als „schlaue Telefone", nämlich kleine Computer, mit denen man alles Mögliche machen kann: Fotos schießen, Videos herstellen, im Internet surfen, Musik hören, Spiele spielen, Wegbeschreibungen abrufen und vieles mehr. Inzwischen will kaum noch jemand auf diesen mobilen Alleskönner verzichten. Rund um die Uhr ist er überall mit dabei: auf dem Weg zur Schule oder zur Arbeit, im Kino, im Restaurant, an der Bushaltestelle, im Supermarkt, sogar auf der Toilette.

Ein Schnäppchen sind die Geräte allerdings nicht. Schließlich kostet ein B
Smartphone mehr als hundert Euro, und die Gebühren kommen noch hinzu. Warum sind Eltern bereit, ihrem Sohn oder ihrer Tochter ein so hochwertiges Mobiltelefon zu kaufen? Der kleine Begleiter ist längst ein wichtiges Statussymbol[1] geworden; wer ihn nicht hat, gilt als „uncool". Also fängt man an, darum zu betteln, und eines Tages werden die Eltern weich und geben nach.

Dass sie ihrem Kind ein Smartphone schenken, rechtfertigen sie meist C
damit, dass es ihnen wichtig sei, ihren Sohn oder ihre Tochter ständig erreichen zu können. Sie machen sich dann weniger Sorgen. Zudem erleichtert es den Alltag, wenn sich die Familienmitglieder zwischendurch Kurznachrichten zukommen lassen können („Milch einkaufen!" – „Omas Geburtstag nicht vergessen!").

Für Kinder spielt das Telefonieren und das Versenden von Kurznachrichten D
allerdings eher eine Nebenrolle. Sie interessieren sich vor allem für die Spiele-Funktion. Die nutzen sie z. B., wenn sie auf den Bus warten müssen, damit

1 *Statussymbol:* etwas, mit dem man zeigt, dass man sich etwas leisten kann

kein Gefühl der Langeweile aufkommt. Natürlich telefonieren sie auch mit der Familie oder tauschen sich über Whatsapp mit anderen aus. Geradezu mühelos eignen sie sich die Bedienung der verschiedenen Funktionen an. Schon Sechsjährige laden sich aus dem Internet Spiele herunter, um sie dann mit ihren Freunden zu „teilen“. Und die Älteren schließen sich sozialen Netzwerken an, um neue Freunde zu finden. Mit dem kleinen Wunderkasten ist das auch von unterwegs aus möglich.

Der Umgang mit dem Smartphone bringt aber auch Gefahren mit sich. Für E
Hacker ist es ein Leichtes, sich Zugang zu einem Mobiltelefon zu beschaffen. Dann können sie das Gerät nicht nur mit einem Virus infizieren, sondern auch persönliche Daten abgreifen, die dort abgespeichert sind, z. B. Telefonnummern von Freunden. Außerdem kann der Besitzer von anderen auf Schritt und Tritt verfolgt werden, wenn er die Ortungsfunktion nicht ausgeschaltet hat. Ein weiteres Problem ist das Herunterladen von Apps: Nicht alle sind kostenfrei. Wer nicht aufpasst, handelt sich unter Umständen hohe Kosten ein. Die größte Gefahr besteht aber wohl darin, dass man sein Smartphone verliert oder versehentlich irgendwo liegen lässt. Allein der Verlust eines so teuren Gerätes ist schmerzhaft. Noch kostspieliger kann es werden, wenn ein Unbefugter in den Besitz des Handys gelangt. Ist das Gerät nicht ausgeschaltet, kann er unbegrenzt damit telefonieren oder Daten herunterladen. Das geht dann richtig ins Geld.

Vielen Risiken kann man aber von vornherein aus dem Weg gehen. Achte F
auf Folgendes:

- Überlege dir ein gutes Passwort, aber speichere es auf keinen Fall ab.
- Gib im Internet nicht zu viele persönliche Daten von dir preis.
- Achte beim Herunterladen von Apps darauf, dass diese auch wirklich kostenfrei sind.
- Schalte die Ortungsfunktion aus, wenn du mögliche Verfolger ausbremsen willst.
- Informiere deine Eltern, wenn du auf verdächtige Inhalte stößt.
- Lass im Falle eines Verlusts oder Diebstahls sofort deinen Anschluss sperren.

Wenn du diese Vorkehrungen triffst, bist du auf der sicheren Seite.

Textsorten kennen

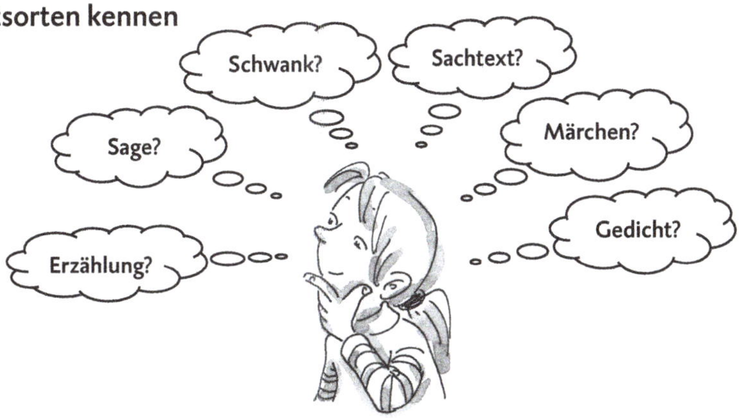

249 Um welche Textsorte handelt es sich? Vervollständige die folgende Aussage:

Bei dem Text „Smartphones – mehr als schlaue Telefone" handelt es sich um …

____

250 Begründe deine Entscheidung aus Aufgabe 249.

Hinweis: Du kannst deine Entscheidung auch begründen, indem du sagst, warum andere Textsorten **nicht** infrage kommen.

____

____

____

____

Den Text verstehen

251 Worum geht es in dem Text? Bestimme das Thema.

Hinweis: Du musst die Aussage ankreuzen, die zum ganzen Text passt.

In dem Text geht es darum, …

- ☐ wie Smartphones unseren Alltag verändern.
- ☐ was moderne Smartphones leisten können.
- ☐ wie man mit Smartphones richtig umgeht.
- ☐ dass Smartphones einfach zu bedienen sind.

252 Was bedeutet das Wort „Smartphone“ auf Deutsch? Stichworte genügen.

____

253 Nenne drei Beispiele für das, was man mit einem Smartphone machen kann – abgesehen vom Telefonieren und dem Versenden von Kurznachrichten. Stichworte genügen.

____

254 Welche Zwischenüberschriften passen zu welchen Textabschnitten? Trage die passenden Buchstaben ein.

Zwischenüberschriften	Textabschnitt
Gefahren im Umgang mit dem Smartphone	
Risiken aus dem Weg gehen	
Smartphones als kleine Computer	
Warum Kinder Smartphones bekommen	
Wichtiges Statussymbol	
Wie Kinder Smartphones nutzen	

255 Warum kaufen Eltern ihren Kindern Smartphones? Nenne zwei Gründe.

____

____

256 Wofür benutzen Kinder ihr Smartphone am liebsten? Kreuze an.

- ☐ Sie telefonieren mit ihren Eltern.
- ☐ Sie versenden Kurznachrichten.
- ☐ Sie spielen damit Spiele.
- ☐ Sie schießen Fotos von sich und anderen.

257 Es heißt, Jugendliche würden über ihr Smartphone Kontakte in sozialen Netzwerken pflegen. Erkläre, warum ein Smartphone dafür gut geeignet ist.

____

____

258 Wie lernen Kinder den Umgang mit ihrem Smartphone? Kreuze an.

- ☐ Sie lassen sich die Bedienung von ihren Eltern zeigen.
- ☐ Sie holen sich Anregungen von ihren Freunden.
- ☐ Sie orientieren sich an den Zeichnungen in der Bedienungsanleitung.
- ☐ Sie erschließen sich die verschiedenen Funktionen durch Ausprobieren.

259 Nenne vier Gefahren im Umgang mit dem Smartphone.

____

____

____

____

260 Erkläre, warum es kostspielig werden kann, wenn das Smartphone in die Hände eines Unbefugten gelangt.

____

____

261 Verbinde die Tipps mit den passenden Begründungen durch Linien.

Hinweis: Überlege selbst, welche Begründung zu welchem Tipp passt.

Man sollte …
die Ortungsfunktion ausschalten.
darauf achten, dass Apps auch wirklich kostenfrei sind.
nach dem Verlust des Smartphones den Anschluss sperren lassen.
die Eltern über verdächtige Inhalte informieren.
im Internet nicht zu viele persönliche Daten preisgeben.
sich ein gutes Passwort überlegen, ohne es abzuspeichern.

So kann man verhindern, dass …
jemand sich problemlos in den eigenen Account einloggen kann.
man für die Dienste, die ein Unbefugter nutzt, bezahlen muss.
diese Daten missbraucht werden.
man ungewollt für einen Dienst bezahlen muss.
andere verfolgen können, welche Wege man nimmt.
man etwas Schlimmes ansehen muss oder Ärger bekommt.

Die Sprache untersuchen

Sprachliche Bilder verstehen

- Mit einem **sprachlichen Bild** kann man sich besonders **anschaulich** ausdrücken. Der Leser kann sich dann genau vorstellen, was gemeint ist. Man kann verschiedene Wortarten benutzen, um ein sprachliches Bild zu gestalten, vor allem Nomen, Verben und Adjektive.

  Beispiel: Luis wünscht sich ein Smartphone, aber bisher **beißt** er damit bei seinen Eltern auf **Granit**. Sie bleiben einfach **hart** und lehnen seinen Wunsch ab.

- Um ein sprachliches Bild richtig zu **verstehen**, muss man sich zunächst klarmachen, was die Wörter **normalerweise bedeuten**. Diese Bedeutung **überträgt** man dann auf den Zusammenhang, in dem das sprachliche Bild vorkommt.

  Beispiel: Sarah ist eine **Nervensäge**; sie ruft dauernd ihre Freunde an.
  (Eine Säge wird normalerweise verwendet, um etwas durchzusägen. Wer als Nervensäge bezeichnet wird, von dem stellt man sich vor, dass er die Nerven anderer geradezu zersägt und sich damit unbeliebt macht.)

262 Erkläre folgende sprachliche Bilder. Berücksichtige den Textzusammenhang.

a *Smartphones sind mobile Begleiter.*
Was versteht man normalerweise unter einem Begleiter?

____

Warum werden Smartphones als mobile Begleiter bezeichnet?

____

b *Man kann mit Smartphones auch Fotos schießen.*
Wann benutzt man das Verb „schießen“ normalerweise?

____

Warum heißt es im Text, man könne mit Smartphones Fotos schießen?

____

c *Viele Eltern werden irgendwann weich.*
Wann bezeichnet man etwas als weich?

____

Was muss man sich darunter vorstellen, wenn Eltern weich werden?

____

263 Erkläre, was diese sprachlichen Bilder bedeuten. Stichworte genügen.

a Gebührenfalle:

____

b Langfinger:

____

Ein Verb konjugieren

Man konjugiert ein Verb, wenn man für eine bestimmte Zeitform (Tempus) **alle Formen** bildet.

- Beim Tempus **Präsens** verwendet man den **Stamm** des Verbs und fügt die entsprechenden **Personalendungen** hinzu.

Beispiel: telefonieren → Stamm: *telefonier-* (+ *e* oder + *st* oder + *t* oder + *en*)

	Singular	Plural
1. Person	ich telefonier<u>e</u>	wir telefonier<u>en</u>
2. Person	du telefonier<u>st</u>	ihr telefonier<u>t</u>
3. Person	er (sie, es) telefonier<u>t</u>	sie telefonier<u>en</u>

- Im **Präteritum** muss zwischen dem Stamm und der Personalendung noch **t** oder **te** eingefügt werden.

Beispiel:

	Singular	Plural
1. Person	ich telefoniert<u>e</u>	wir telefoniert<u>en</u>
2. Person	du telefonier**te**<u>st</u>	ihr telefonier**te**<u>t</u>
3. Person	er (sie, es) telefoniert<u>e</u>	sie telefoniert<u>en</u>

Bei Verben, deren **Stamm** auf **d** oder **t** endet, muss man im Präteritum vor dem **t** oder **te** noch ein zusätzliches **e** einfügen.

Beispiel: beten → Stamm: *bet* ich betete

264 Konjugiere das Verb **reden** – einmal im Präsens und einmal im Präteritum.

Präsens	**Präteritum**
ich *rede*	ich
du	du
er (sie, es)	er (sie, es)
wir	wir
ihr	ihr
sie	sie

265 Mit Smartphones kann man jederzeit im Internet surfen. Konjugiere das Verb **surfen** sowohl im Präsens als auch im Präteritum.

Präsens	**Präteritum**
ich *surfe*	ich
du	du
er (sie, es)	er (sie, es)
wir	wir
ihr	ihr
sie	sie

Das finite Verb

- Als finites Verb bezeichnet man in einem Satz das **konjugierte Verb**. Wenn in einem Satz nur ein einziges Verb verwendet wird, ist dieses zugleich das finite Verb.
  Beispiel: Die Kinder telefonieren mit der Großmutter.
- Es gibt auch Sätze, in denen mehrere Verben enthalten sind. Dann musst du nach dem Verb suchen, das die **Personalendung** hat.
  Beispiel: Die Kinder wollen mal wieder ihre Großmutter anrufen.
  → Das Verb woll|en ist das finite Verb mit der Personalendung.

266 Unterstreiche in den folgenden Sätzen alle Verben. Markiere anschließend das finite Verb: Unterstreiche es noch einmal, am besten mit einer anderen Farbe.

a Mobiltelefone sind für viele Kinder zu ständigen Begleitern geworden.

b Viele Eltern wollen das sogar unterstützen.

c Sie möchten ihre Kinder nämlich ständig erreichen können.

d Und die Kinder sollen sich auch jederzeit bei ihnen melden können.

e Das alltägliche Leben lässt sich so leichter regeln.

f Vergessene Einkäufe können dann immer schnell erledigt werden.

g Die Eltern senden ihrem Kind einfach eine Kurznachricht.

267 Formuliere folgende Sätze um, indem du weitere Verben ergänzt (z. B. *sollen*, *wollen*, *müssen* oder *können*).

a Viele Kinder besitzen ein Smartphone.

____

b Mit dem Smartphone laden sie sich Spiele aus dem Internet herunter.

c Einige Kinder bezahlen die Gebühren von ihrem Taschengeld.

Die Ersatzprobe

Wenn du unsicher bist, welches Verb in einem Satz das finite Verb ist, kannst du die **Ersatzprobe** machen: Dazu veränderst du das Subjekt. Am besten wandelst du ein Subjekt, das im Singular steht, in den Plural um oder umgekehrt. Dasjenige Verb, das daraufhin seine Form ändert, ist das **finite Verb.**

Beispiele: *Viele Kinder* haben sich seit Langem ein Smartphone gewünscht.
→ *Ein Kind* hat sich seit Langem ein Smartphone gewünscht.
(Die Form des Verbs „haben" hat sich geändert, also ist „haben" das finite Verb.)

Der Vater will kein Smartphone kaufen.
→ *Die Väter* wollen kein Smartphone kaufen.
(Die Form des Verbs „wollen" hat sich geändert, also ist „will" das finite Verb.)

268 Mache bei den folgenden Sätzen die Ersatzprobe.
Unterstreiche anschließend das finite Verb im ursprünglichen Satz.

a Viele Schüler wollen am liebsten ein Smartphone besitzen.

b Das Smartphone ist für manche Kinder ein Statussymbol geworden.

c Ein Schüler ohne Smartphone kann leicht zum Außenseiter werden.

Satzreihe und Satzgefüge

- Wenn man **Hauptsätze** aneinanderreiht, entsteht eine **Satzreihe**.
  Haupt- und Nebensätze bilden ein **Satzgefüge**.
  Beispiele: Lisa kaufte sich ein neues Smartphone, dafür plünderte sie ihr Sparschwein. *(Satzreihe)*
  Lisa kaufte sich ein neues Smartphone, indem sie dafür ihr Sparschwein plünderte. *(Satzgefüge)*
- Um Haupt- und Nebensätze unterscheiden zu können, hilft dir das **finite Verb:** In **Hauptsätzen** steht das finite Verb **vorn** (auf der Position des **ersten** oder **zweiten Satzglieds**), in **Nebensätzen** steht es in der Regel **ganz am Schluss**.
  Beispiele: Max bekam Ärger mit seinen Eltern, weil er täglich vor dem Computer saß.
  Hauptsatz (finites Verb an 2. Stelle) *Nebensatz (finites Verb am Ende)*
  Obwohl er immer gute Noten hatte, wollten sie ihm das nicht erlauben.
  Nebensatz (finites Verb am Ende) *Hauptsatz (finites Verb an 1. Stelle)*

269 Unterstreiche in den folgenden Satzgefügen jeweils den Hauptsatz.

a Viele Eltern kaufen ihrem Kind ein Smartphone, weil sie ständig mit ihm Kontakt halten wollen.

b Es erleichtert den Alltag, wenn sich die Familienmitglieder jederzeit kontaktieren können.

c Falls jemand etwas vergessen hat, bittet er andere per Kurznachricht einfach um Hilfe.

d Und die Mutter wird ihren Sohn vielleicht daran erinnern, dass er noch Brot kaufen muss.

e Wer einen ungünstigen Tarif gebucht hat, muss hohe Gebühren zahlen.

f Man kann sich auch leicht verschulden, wenn man kostenpflichte Apps herunterlädt.

g Wer vorsichtig ist, wird aber keine Probleme bekommen.

Richtig schreiben

Fremdwörter richtig schreiben (1)

- Schon immer wurden **Wörter aus anderen Sprachen** ins Deutsche übernommen. Manchmal gewöhnt man sich so an die fremden Wörter, dass man gar nicht mehr merkt, dass sie aus einer anderen Sprache stammen.

  Beispiel: Das Wort Sofa stammt ursprünglich aus dem Arabischen.

- Neuerdings sind es vor allem **englische Wörter**, die in die deutsche Sprache eingehen. Bei Wörtern, die aus dem Englischen stammen, werden manche **Laute anders geschrieben** als in der deutschen Sprache. Daher hilft bei den meisten englischen Wörtern nur eines: Man muss die Schreibweise üben und auswendig lernen!

  Beispiele: *Man schreibt:* Jeans *(Man hört: Dschiens)*
  Man schreibt: Chip *(Man hört: Tschipp)*
  Man schreibt: Manager *(Man hört: Mänädscher)*

270 Übe die Schreibung der folgenden Fremdwörter aus dem Englischen. Schreibe sie nach dem Alphabet geordnet auf.

Event, Kidnapper, Date, Grapefruit, downloaden, Jazz, Couch, Eyeliner, fair, soft, foulen, Look, Popcorn, Quiz, Rowdy, surfen, E-Mail, joggen, Cursor, Fan, Sound, Office, out, Manager, Bungalow, Internet, Curry, Workshop, zappen, Meeting, chatten, Talkshow, jobben, Action, Clown, Notebook, leasen, Blazer, Pool, sexy, Freak, T-Shirt, Highlight, Update, Bowling, Volleyball, clever, City, Shop, Gag, Recycling, Cheerleader

Action, Blazer …

271 Suche aus der Liste von Aufgabe 270 jeweils drei passende Wörter für eine bestimmte Aussprache und schreibe sie auf. Einige Wörter kannst du mehrmals zuordnen.

a Man schreibt **ou**, aber man spricht **au:**

Couch, foulen, Sound

b Man schreibt **ow**, aber man spricht **ou:**

c Man schreibt **ow**, aber man spricht **au:**

d Man schreibt **oo**, aber man spricht **u:**

e Man schreibt **ur**, aber man spricht **ör:**

f Man schreibt nur **a**, aber man spricht **äi:**

g Man schreibt **a**, aber man spricht **ä:**

h Man schreibt **ea**, aber man spricht **i:**

i Man schreibt **e** oder **ee**, aber man spricht **i:**

j Man schreibt **z**, aber man spricht **s** (stimmhaft):

k Man schreibt **ch**, aber man spricht **tsch:**

l Man schreibt **j**, aber man spricht **dsch:**

Fremdwörter richtig schreiben (2)

Beim Schreiben von Fremdwörtern bleibt der **ursprüngliche Wortstamm** in der Regel erhalten. Aber in einem deutschen Satz **passt sich** die Form manchmal **ans Deutsche an.** Das betrifft vor allem die **Endungen** bei bestimmten **Verbformen.**

Beispiele: checken → du check<u>st</u>
surfen → er hat <u>ge</u>surf<u>t</u>

272 Konjugiere die folgenden Verben im Präsens.

joggen	chatten
ich	ich
du	du
er (sie, es)	er (sie, es)
wir	wir
ihr	ihr
sie	sie

Sich schriftlich äußern

Argumente formulieren

Man benutzt Argumente, um **jemanden** von etwas zu **überzeugen.**

- Dafür genügt es nicht, wenn du einfach deine Meinung kundtust. Denn so stellst du nur eine **Behauptung** auf. Du musst deine Behauptung aber auch **begründen**.

  Beispiel: Behauptung → Ich finde es richtig, wenn Eltern ihrem Sohn oder ihrer Tochter ein Handy schenken.

  Begründung → Denn dann können sie ihr Kind jederzeit erreichen, wenn sie ihm etwas Wichtiges mitteilen wollen.

- Vielleicht sieht dein Gegenüber nun schon ein, dass deine Meinung berechtigt ist. Besser wäre es aber, wenn du jetzt noch ein oder zwei **Beispiele** bringst.

  Beispiele: 1. Beispiel → Falls zum Beispiel die Oma plötzlich ins Krankenhaus muss, können die Eltern ihr Kind sofort informieren. Vielleicht wird es dann das Fußballtraining vorzeitig beenden, um die erkrankte Oma zu besuchen.

  2. Beispiel → Es kann auch passieren, dass die Mutter einmal überraschend etwas erledigen muss. Dann kann sie ihrem Kind über das Handy Bescheid geben. So wird es nicht beunruhigt sein, wenn es nach Hause kommt und niemand da ist.

- Richtig „rund“ wird ein Argument, wenn man abschließend noch eine Art zusammenfassendes **Ergebnis** bringt.

  Beispiel: Ergebnis → Es spricht also vieles dafür, wenn Eltern ihr Kind mit einem Handy ausstatten.

273 Schreibe zwei ausführliche Argumente zu diesem Thema:
Sollten Jugendliche einen eigenen Fernseher besitzen?

Dein erstes Argument sollte **dafür** sprechen, dein zweites Argument **dagegen**. Schreibe pro Argument etwa 80 Wörter (→ Heft).

Hinweis: Verwende in jedem deiner Argumente mindestens einmal ein Satzgefüge, bestehend aus einem Hauptsatz und einem Nebensatz.

Abschlusstest zum Stoff der 5. Klasse: Die Heinzelmännchen

Es mag noch nicht allzu lange her sein, dass in Köln die sogenannten Heinzelmännchen ihr abenteuerliches Wesen trieben. Kleine nackende Männchen waren es, die allerhand taten, Brot backen, waschen und dergleichen Hausarbeiten mehr, so wurde erzählt, doch hatte sie niemand gesehen.

Zu der Zeit nun, als die Heinzelmännchen noch da waren, gab es in Köln manchen Bäcker, der keine Gesellen hielt, denn die Kleinen machten über Nacht immer so viel Schwarz- und Weißbrot, wie der Bäcker in seinem Laden brauchte. In manchen Häusern wuschen sie und nahmen den Mägden die Arbeiten ab.

So war auch eben um diese Zeit ein erfahrener Schneider in Köln, dem sie gar gewogen schienen, denn als er heiratete, fand er am Hochzeitstag die herrlichsten Speisen und das schönste Gerät in seiner Wohnung, welches die Kleinen anderwärts gestohlen und ihrem Liebling gebracht hatten. Als seine Familie sich nun mit der Zeit vermehrte, taten die Kleinen der Frau des Schneiders merklichen Vorschub in ihren häuslichen Geschäften, wuschen für sie und scheuerten ihr bei festlichen Gelegenheiten ihr Kupfer und Zinn und das Haus vom Söller[1] bis zum Keller. Hatte der Schneider zuweilen gar dringende Arbeit, so fand er sie morgens ganz und gar von den Heinzelmännchen fertiggestellt.

Nun plagte aber die Schneidersfrau der Vorwitz, und sie wollte die Heinzelmännchen gern einmal sehen. Wie sie sich aber anstellte, es wollte ihr doch nie gelingen. Sie streute daher einmal die Treppe voller Erbsen, auf dass die Heinzelmännchen fallen mögen, Schaden litten und sie diese am andern Morgen sehen könnte. Dieser Anschlag schlug aber fehl, und seit dieser Zeit verloren sich die Heinzelmännchen ganz; wie überhaupt überall der Vorwitz der Leute schon so manches Schöne in der Welt zerstört hat.

Die Heinzelmännchen zogen darauf alle unter klingendem Spiel aus der Stadt; man hörte aber nur das Spiel, denn niemand konnte die Männlein sehen, die sich darauf in ein Schiff setzten und wegfuhren, wohin, weiß niemand. Doch sollen mit den Heinzelmännchen auch die guten Zeiten Kölns verschwunden sein.

1 *Söller:* Dachboden

Textsorten kennen

Punkte

1 Bestimme die Textsorte. 2 P.

2 Nenne drei Merkmale, an denen du die Textsorte erkannt hast. 6 P.

-
-
-

Den Text verstehen

3 Beantworte die folgenden Fragen zum Text. Schreibe vollständige Sätze.

a Wo spielt die Geschichte? 2 P.

b Wann spielt die Geschichte? Stelle eigene Überlegungen an! 2 P.

c Wer sind die wichtigsten Personen bzw. Personengruppen? 2 P.

d Was tun die Personen? Notiere, was man über ihr Handeln erfährt. 6 P.

e Wie endet die Geschichte? 2 P.

4 Erkläre den Sinn der folgenden Aussagen. Beziehe dich auf den Textzusammenhang.

a *[...] die Kleinen [taten] der Frau des Schneiders merklichen Vorschub in ihren häuslichen Geschäften [...]* (Z. 14 f.) 2 P.

___

b *Nun plagte aber die Schneidersfrau der Vorwitz [...]* (Z. 20) 2 P.

___

5 *Wie sie sich aber anstellte, es wollte ihr doch nie gelingen.* (Z. 21 f.)

a Was könnte die Schneidersfrau getan haben? Überlege dir ein mögliches Beispiel. 2 P.

___

b Was gelingt der Schneidersfrau **nicht**? 2 P.

___

6 Was für einen „Anschlag" plant die Schneidersfrau anschließend?

a Was tut sie? 2 P.

___

b Welches Ziel verfolgt sie? 2 P.

___

7 a Wie beurteilst du das Verhalten der Schneidersfrau? Setze in jeder Spalte ein Kreuz. 2 P.

☐ richtig ☐ verständlich
☐ falsch ☐ unverständlich

b Begründe deine Einschätzung. 4 P.

___

___

___

___

8 Welche Lehre erteilt die Geschichte? Formuliere in eigenen Worten. 2 P.

____

____

9 Was hältst du vom Verhalten der Heinzelmännchen? Begründe deine Meinung ausführlich. Schreibe ungefähr 50 Wörter. 10 P.

____

____

____

____

____

____

Die Sprache untersuchen

10 Bestimme die Wortarten. Trage die Wörter richtig in die Tabelle ein. Achte auf die Groß- und Kleinschreibung und ergänze bei Nomen den bestimmten Artikel. 21 P.

WASCHEN, NACHT, HERRLICH, STEHLEN, SCHÖN, WOHNUNG, BRINGEN, FESTLICH, ARBEIT, FALLEN, SPIEL, SEHEN, ERBSE, HÄUSLICH, GELEGENHEIT, HÖREN, GUT, ABENTEUERLICH, TREPPE, VERSCHWINDEN, DRINGEND

Nomen	Verben	Adjektive

11 Im Text steht zweimal ein Adjektiv im Superlativ. Schreibe diese Adjektive zusammen mit den zugehörigen Nomen heraus. 2 P.

- ▶ ______________________________
- ▶ ______________________________

12 Ergänze jeweils den Komparativ und den Superlativ. 5 P.

Grundform	Komparativ	Superlativ
lang		
klein		
festlich		
dringend		
gut		

13 Unterstreiche in den folgenden Textstellen die Personalpronomen. Notiere, wer bzw. was damit gemeint ist. Orientiere dich am Text.

a *[...] doch hatte sie niemand gesehen.* (Z. 4) 2 P.

____

b *[...] als er heiratete, fand er am Hochzeitstag die herrlichsten Speisen und das schönste Gerät [...]* (Z. 11 f.) 3 P.

____

c *[...] wuschen für sie und scheuerten ihr bei festlichen Gelegenheiten ihr Kupfer und Zinn [...]* (Z. 15 f.) 3 P.

____

d *[...] so fand er sie morgens ganz und gar von den Heinzelmännchen fertiggestellt.* (Z. 18 f.) 4 P.

____

e *Wie sie sich aber anstellte, es wollte ihr doch nie gelingen.* (Z. 21 f.) 5 P.

____

14 Kennzeichne die Grenzen zwischen den einzelnen Silben jeweils mit |. 10 P.

Heinzelmännchen	Gesellen	Hausarbeiten
folgenreich	Wohnung	gestohlen
Gelegenheiten	scheuerten	Treppe

15 Bestimme in folgenden Sätzen die Satzglieder: S (Subjekt), P (Prädikat), O (Objekt), AT (Temporaladverbiale), AL (Lokaladverbiale)
Wenn es mehrere Prädikate gibt, nummerierst du sie (P1, P2 usw.).

a [Vor langer Zeit] [wirkten] [in Köln] [viele Heinzelmännchen]. 4 P.

____

b [Sie] [huschten] [des Nachts] [in die Häuser der Bürger]. 4 P.

____

c [Dort] [erledigten] [sie] [bis zum Morgen] [viele Arbeiten]. 5 P.

____

d [Sie] [wuschen] [Wäsche] und [backten] [Brot]. 5 P.

____

16 Markiere die Grenzen zwischen den Satzgliedern mit | und bestimme diese dann. Verwende die gleichen Abkürzungen wie bei Aufgabe 15.

a Eines Tages wollte die Schneidersfrau die Heinzelmännchen sehen. 5 P.

____

b Sie streute abends Erbsen auf die Treppe. 5 P.

____

c Am nächsten Morgen waren die Heinzelmännchen verschwunden. 4 P.

____

17 Unterstreiche jeweils das gesamte Prädikat und bestimme die Zeitform.

a Leider gibt es keine Heinzelmännchen mehr. ______________ 2 P.

b In Köln hatte es einst solche Helfer gegeben. ______________ 2 P.

c Einmal wollte eine Frau die Kleinen sehen. ______________ 2 P.

d Deshalb streute sie Erbsen auf die Treppe. ______________ 2 P.

e Da verschwanden die Wichtel. ______________ 2 P.

f Man hat sie seither nie mehr gesehen. ______________ 2 P.

Richtig schreiben

18 Schreibe den Text richtig ab. Beachte die Groß- und Kleinschreibung. 15 P.

BESTIMMT HÄTTEN VIELE SCHÜLER GERNE EIN HEINZELMÄNNCHEN. DER WICHTEL KÖNNTE IHNEN BEI ALLEN IHREN PFLICHTEN ZUR SEITE STEHEN. DAS WÄRE SICHER EIN SCHÖNES LEBEN. DER FLEIßIGE HELFER WÜRDE ALLE UNANGENEHMEN HAUSAUFGABEN ERLEDIGEN. ER WÜRDE SEINEM BESITZER AUCH DIE EINKÄUFE ABNEHMEN UND AM ABEND WÜRDE ER DAS ZIMMER AUFRÄUMEN. ABER LEIDER GIBT ES SCHON LANGE KEINE HEINZELMÄNNCHEN MEHR. NATÜRLICH KÖNNTE MAN SEINEN KLEINEN DIENER AUCH NICHT ZUR SCHULE SCHICKEN. DAS WÜRDE DER LEHRER JA SEHEN. VIELLEICHT IST ES AUCH BESSER, DASS DIESE FLEIßIGEN WESEN AUS UNSEREN HÄUSERN VERSCHWUNDEN SIND. SONST WÜRDEN DIE MEISTEN KINDER FAUL UND WÜRDEN NICHTS MEHR LERNEN. DAS WÄRE NICHT GUT.

19 Wie ist es richtig: **s**, **ss** oder **ß**? Trage die richtige Schreibweise ein. 16 P.

Ge___elle, flei___ig, wi___en, Spei___e, e___en, au___er, Be___en, Fü___e, Wa___er, lei___e, Wie___e, Ki___en, Klö___e, le___en, verge___en, gie___en

20 Begründe die Schreibweise der unterstrichenen Wörter. Beziehe dich jeweils auf die **fett** hervorgehobenen Buchstaben. 27 P.

Überlege, wie du die Schreibweise am besten erklären kannst:

- Du kannst eine **Rechtschreibregel** nennen (z. B. bei Ziel: lang gesprochenes i → ie).
- Du kannst eine **andere Form** des Wortes nennen (z. B. bei Gäste → Gast).
- Du kannst ein **verwandtes Wort** nennen (z. B. bei Wächter → wachen).

Rechtschreibproblem	Begründung
Es mag noch nicht allzu lange her sein, dass in	*mögen*
Köln die Heinzelmännchen ihr Wesen trieben.	
Kleine nackende Männchen waren es, die aller-	
hand taten, Brot backen, waschen und derglei-	
chen mehr, doch hatte sie niemand gesehen.	
Zu der Zeit gab es manchen Bäcker, der keine	
Gesellen hielt. In manchen Häusern wuschen	
sie und nahmen den Mägden die Arbeiten ab.	
So war es auch bei einem Schneider in Köln;	
als er heiratete, fand er am Hochzeitstag die	
herrlichsten Speisen in seiner Wohnung.	
Danach halfen die Kleinen der Frau des	
Schneiders; sie wuschen und scheuerten das	
Haus vom Söller bis zum Keller. Hatte der	
Schneider dringende Arbeit, so sah er sie mor-	
gens ganz und gar fertiggestellt.	
Nun plagte aber die Schneidersfrau der Vor-	
witz, und sie wollte die Heinzelmännchen	
gern einmal sehen. Wie sie sich aber anstellte,	
es wollte ihr doch nie gelingen. Sie streute	
daher einmal die Treppe voller Erbsen. Dieser	
Anschlag schlug aber fehl.	

Sich schriftlich äußern

21 Erzähle die Geschichte von den Heinzelmännchen aus der **Sicht der Schneidersfrau**. Schreibe in der Ich-Form. Beginne so:

Eines Tages packte mich die Neugierde. Ich wollte die Heinzelmännchen unbedingt einmal bei ihrer Arbeit beobachten …

Schreibe mindestens 150 Wörter (→ Heft). 36 P.

Lösungen

Kapitel 1: Vom Schlaraffenlande

1 5 Strophen

2 8 Verse je Strophe

3 Kreuzreim

4 a [X] alle Menschen
b [X] kein Mensch
c „Ei, wer möchte dort nicht sein!“ (V. 16, 24, 32)
„Aber keiner kam hinein.“ (V. 36)

5 a Milch und Honig fließen in Bächen. (vgl. V. 7)
b Aus den Felsen rinnt Wein. (vgl. V. 8)
c In den Büschen wächst Ananas. (vgl. V. 20)
d Die Straßen bestehen aus Zuckertorten, Bonbons und Marzipan. (vgl. V. 25–28)
e Die Brücken bestehen aus Brezeln. (vgl. V. 29)

6 Die Menschen sollen es leicht haben, ihr Essen zu bekommen.

7 Essen und Trinken bekommt man umsonst.

8 Es gibt keine Arbeit, und man muss sich nicht mühen.

9 a Normalerweise wachsen Feigen auf Bäumen, aber im Schlaraffenland **wachsen sie in den Hecken**.
b Das ist im Schlaraffenland so, weil **es dann leicht ist, sie zu pflücken**.

10 Es klingt so wunderbar, dass alle Menschen am liebsten dort, also im Schlaraffenland, wären.

11 Das bedeutet, dass viele Menschen versucht haben, ins Schlaraffenland zu gelangen. Gemeint ist damit: Sie wollen ein leichtes Leben haben.

12 a In der ersten Strophe will das lyrische Ich **auch ins Schlaraffenland gelangen**.

b In der letzten Strophe spricht das lyrische Ich **nur noch von anderen Menschen, die sich auf den Weg zum Schlaraffenland machen**.

13 a In der wirklichen Welt **muss man sich anstrengen, um das zu bekommen, was man zum Leben braucht**.

b Im Schlaraffenland **bekommt man alles ohne Mühe**.

14 Der Hügel aus Pflaumenmus liegt …

☒ in der wirklichen Welt.

Begründung: Es heißt, dass er **vor dem Tor** zum Schlaraffenland liegt. (V. 39 f.)

15 a ☒ Flügel, die man durch schöne Gedanken hat

b Das Schlaraffenland gibt es gar nicht. Deshalb kann man nur davon träumen.

16 a *Mögliche Antwort:*

☒ Nein, ich fände es nicht schön, im Schlaraffenland zu leben.

b Man bekommt im Schlaraffenland alles ohne Mühe. Das bedeutet, dass man nichts tun muss. Zugleich bedeutet das aber auch, dass es nichts zu tun gibt! Man muss ja nur zuzugreifen, um zu bekommen, was man fürs Leben braucht oder haben möchte. Vielleicht wäre ein solches Leben eine Zeit lang ganz angenehm: Es gäbe die schönsten Speisen und Getränke in Hülle und Fülle, sodass man jederzeit essen und trinken könnte, was man wollte. Aber auf die Dauer wäre das sicher langweilig. Außerdem würde man dann in kurzer Zeit bestimmt ganz schön dick!

17 *Du könntest diese Nomen aufgeschrieben haben:*

a Lebewesen: Ente, Gans, Schwein, Hecke, Busch

b Dinge: Brücke, Straße, Tor, Fels, Kuchen

18

Dinge, die man sehen, anfassen, riechen, hören oder schmecken kann	Dinge, die man sich nur denken kann
Apfel, Fenster, Ball, Buch, Tisch, Rasen, Polizist, Katze, Schnee, Eis, Ampel, Geschenk, Essen, Tasche, Kino, Kleid, Besen, Bleistift, Kuchen, Papier, Radio, Geschirr	Wunsch, Hoffnung, Traum, Strafe, Liebe, Hunger, Heiterkeit, Eile, Mitleid, Erlebnis, Begeisterung, Vergnügen, Mühe, Fleiß, Not, Gerechtigkeit, Angst, Verständnis

19

-heit	-keit	-ung	-nis
Frechheit	Leichtigkeit	Verstärkung	Bekenntnis
Schönheit	Fröhlichkeit	Bedrohung	Wagnis
Einheit	Festigkeit	Belästigung	Gedächtnis
Freiheit	Dankbarkeit	Erleichterung	Ergebnis
Bosheit	Notwendigkeit	Begegnung	Kenntnis
Neuheit	Müdigkeit	Prüfung	Hindernis

20 a Rechnung
b Beliebtheit
c Schlauheit
d Gemeinheit
e Möglichkeit
f Empfindlichkeit
g Sauberkeit
h Belehrung
i Bestechung
j Langsamkeit

21 a Als **ein** Roboter in **eine** Autobahnraststätte kommt, sieht er **einen** Spielautomaten. „Hallo, Kumpel“, sagt **der** Roboter und klopft **dem** Spielautomaten auf **den** Rücken. Da fängt **der** Spielautomat an zu scheppern und spuckt **eine** Ladung Münzen aus. Erschrocken sagt **der** Roboter: „Mit **dem** Husten solltest du aber zu Hause bleiben!“

b In **einem** Supermarkt hat sich an **einer/der** Kasse **eine** lange Schlange von Kunden gebildet. **Die** Verkäuferin wird langsam nervös, denn **ein** kleiner Junge legt **einen** Artikel nach **dem** anderen auf **das** Laufband. Endlich ist **der** Einkaufswagen leer, und **die** Kassiererin liest **die** Endsumme von **dem** Kassenbon ab. Da meint **der** Kleine: „Nun können Sie alles wieder einräumen. Ich brauche **die** Summe bloß für **eine** Rechenaufgabe.“

22 a die Gänse
b die Straßen
c die Enten
d die Messer
e die Orte
f die Büsche
g die Torten
h die Schweine
i die Wege
j die Bonbons

23 a das Kleid
b die Ampel
c der Fehler
d das Geschäft
e das Tor
f das Erlebnis

g der Bach
h der Polizist
i der Fuß
j die Läuferin

24
a Dieb → Diebe
b Stab → Stäbe
c Lump → Lumpen
d Urlaub → Urlaube
e Welt → Welten
f Bild → Bilder
g Feld → Felder
h Land → Länder
i Zug → Züge
j Betrag → Beträge
k Erfolg → Erfolge
l Bank → Bänke (auch: Banken)

25
a Nächte → Nacht
b Kästen → Kasten
c Bärte → Bart
d Ketten → Kette
e Hefte → Heft
f Hecken → Hecke
g Feste → Fest
h Bänder → Band
i Gäste → Gast
j Gärten → Garten
k Bäume → Baum
l Träume → Traum
m Räume → Raum
n Freuden → Freude

26 IM SCHLARAFFENLAND IST DAS LEBEN LUSTIG: MILCH UND HONIG FLIEßEN IN BÄCHEN DURCH DAS LAND, UND AUS DEN FELSEN RINNT DER WEIN. DIE GÄNSE UND ENTEN GEHEN FERTIG GEBRATEN UMHER, UND DEN SCHWEINEN STECKT SCHON EIN MESSER IM RÜCKEN. AN DEN ZWEIGEN DER BÜSCHE HÄNGEN KUCHEN UND SEMMELN, UND IN DEN HECKEN WACHSEN FEIGEN UND ANANAS. ALLE STRAßEN UND WEGE BESTEHEN AUS SÜßIGKEITEN, UND DIE BRÜCKEN SIND AUS BREZELN GEBAUT. MAN BRAUCHT NUR ZUZUGREIFEN, UM SATT ZU WERDEN.

Im Schlaraffenland ist das Leben lustig: Milch und Honig fließen in Bächen durch das Land, und aus den Felsen rinnt der Wein. Die Gänse und Enten gehen fertig gebraten umher, und den Schweinen steckt schon ein Messer im Rücken. An den Zweigen der Büsche hängen Kuchen und Semmeln, und in den Hecken wachsen Feigen und Ananas. Alle Straßen und Wege bestehen aus Süßigkeiten, und die Brücken sind aus Brezeln gebaut. Man braucht nur zuzugreifen, um satt zu werden.

27 *Deine Fantasiegeschichte könnte so lauten:*

Ein Tag im Schlaraffenland

Die ersten Sonnenstrahlen scheinen mir ins Gesicht. Ich blinzle. Ja, es ist tatsächlich schon heller Tag! Genüsslich recke ich noch eine Weile meine Glieder. Endlich erhebe ich mich von meinem weichen Ruhelager. Ich habe wunderbar geschlafen und fühle mich unglaublich wohl.

Aber natürlich habe ich ein bisschen Hunger, und trinken möchte ich auch. Ich schaue mich um, und da sehe ich neben mir die schönsten Brötchen und Kuchen. Alles ist appetitlich angerichtet, und ein Duft von Kakao steigt mir in die Nase. Ich lange zu und lasse es mir schmecken.

Anschließend gehe ich ein wenig spazieren. Unterwegs laufen mir gebratene Enten und Gänse über den Weg, aber ich beachte sie nicht, denn ich bin ja gut gesättigt. Hin und wieder pflücke ich mir nur ein paar Trauben und geröstete Mandeln von den Büschen.

Auf einer Wiese treffe ich meine Freunde. Wir schlendern in Richtung Spielplatz, wo es Kisten voller Popcorn gibt, in denen man herrlich spielen kann. Eine Zeit lang wälzen wir uns fröhlich in der knusprigen Masse. Nach einer Weile haben wir aber genug davon und gehen zu einem nahen Teich, wo wir ein Bad nehmen, um uns zu erfrischen. Danach legen wir erst mal ein Schläfchen ein.

Als wir erwachen, naschen wir ein paar Zuckerkiesel, die überall herumliegen. Zum Glück verlangt niemand von uns, dass wir auf eine gesunde Ernährung achten, deshalb gehen wir achtlos an den Bottichen mit Salat und Gemüse vorbei. Auch die gebratenen Schweine, die uns erwartungsvoll entgegenlaufen, rühren wir nicht an. Vielleicht später, wenn sich der Hunger wieder meldet …

Wenn es Abend wird, legen wir uns wieder auf unsere weichen Kissen und fallen in tiefen Schlummer – bis uns erneut die Morgensonne weckt.

(283 Wörter)

Kapitel 2: Warum sind die Dinosaurier ausgestorben?

28 a Man erfährt, **wann** die Dinosaurier gelebt haben und wann sie ausgestorben sind.
b Man erfährt, **wie** groß und stark und schnell sie waren. (*Auch möglich ist:* …, **wie** sie aussahen. *Oder:* …, **wie** ihre Jungen zur Welt kamen.)
c Man erfährt, **warum** die Klimaveränderungen schlecht für die Dinosaurier waren.

29 Man weiß nicht genau, **warum sie ausgestorben sind**.

30 ☒ vor ungefähr 65 Millionen Jahren

31

		richtig	falsch
a	Die Forscher wissen gar nicht, warum diese Tiere ausgestorben sind.	☐	☒
b	Die Forscher haben einige Vermutungen über mögliche Gründe.	☒	☐
c	Die Forscher kennen einige der Gründe recht genau.	☒	☐
d	Die Forscher kennen alle Gründe.	☐	☒
e	Die Forscher wissen, welches der Hauptgrund war.	☒	☐

32 ☒ Es wurde kälter.

33 Sie konnten ihre Körpertemperatur nicht halten.
Sie fanden nicht mehr genügend Nahrung.

34

		richtig	falsch
a	Durch den Meteoriteneinschlag starben die letzten Dinosaurier.	☒	☐
b	Ohne den Meteoriteneinschlag würden die Dinosaurier heute noch leben.	☐	☒
c	Auch ohne den Meteoriteneinschlag wären die Dinosaurier ausgestorben.	☒	☐
d	Durch den Meteoriteneinschlag wurden auch andere Tierarten vernichtet.	☒	☐
e	Einige Tiere haben den Meteoriteneinschlag überlebt.	☒	☐

35 a ☒ der Meteoriteneinschlag

b „Für viele Saurierforscher war der Hauptgrund für den Untergang allerdings ein Meteorit.“ (Z. 51 f.)

36 ☒ Säugetiere

37 Sie waren besonders …

☒ groß. ☒ stark. ☒ schwer. ☒ schnell.

38 a „Bestie“: Z. 8, „Überlebenskünstler“: Z. 31, „Riesen“: Z. 34

b
- Bestien sind **erschreckend** und **gefährlich**.
- Überlebenskünstler sind **anpassungsfähig** und **zäh**.
- Riesen sind **groß** und **gewaltig**.

39 a ☒ Nein, die Forscher fanden nur Skelette von Dinosauriern.

b „Sie fanden nicht einen.“ (Z. 26)

40 Die letzten Dinosaurier müssen vor ungefähr 65 Millionen Jahren gestorben sein.

41 a Die Dinosaurier waren riesengroß.

b Sie waren sehr stark und konnten sehr schnell laufen.

c Sie legten Eier und brüteten sie aus.

d Vor ungefähr 65 Millionen Jahren starben sie aus.

e Es wurde kühler, und ein Riesenmeteorit schlug auf der Erde ein.

42

Adjektiv in der Wortgruppe	Adjektiv im Satz
der heftige Sturm	Der Sturm ist heftig.
die kleine Lüge	Die Lüge ist klein.
die mutige Frau	Die Frau ist mutig.
das schnelle Auto	Das Auto ist schnell.
der spannende Film	Der Film ist spannend.
das interessante Buch	Das Buch ist interessant.
die große Freude	Die Freude ist groß.

43
- a Der Junge macht jeden Nachmittag seine Hausaufgaben mit Sorgfalt. Er arbeitet **fleißig.**
- b Das Kätzchen hat Hunger. Es miaut **jämmerlich**.
- c Die Mädchen wollen am Freitag in die Disco gehen und **fröhlich** tanzen.
- d Mein Zimmer ist sehr unordentlich. Ich sollte endlich mal wieder **gründlich** aufräumen.
- e Am Himmel ziehen dunkle Wolken auf. Bestimmt wird es gleich **kräftig** regnen.
- f Du hast die Aufgaben **richtig** bearbeitet. Alle deine Lösungen stimmen.
- g Als der Lehrer viele Hausaufgaben aufgab, protestierten die Schüler **lauthals**.
- h Wir haben gerade Vollmond, deshalb scheint der Mond nachts ganz **hell**.
- i Der Film hat mir gefallen. Die Schauspieler haben **gut** gespielt.
- j Nach Schulschluss gehen die meisten Schüler **schnell** nach Hause.

44 *Mögliche Sätze:*
- a Franziska ist fleißiger **als ihre Schwester**.
- b Ein Computer ist teurer **als ein Handy**.
- c Die Bahn ist nicht immer pünktlicher **als das Flugzeug**.
- d Das Sofa ist bequemer **als der Stuhl**.
- e Schokolade ist süßer **als Pudding**.
- f Schnecken sind langsamer **als Frösche**.
- g Im Winter ist es kälter **als im Sommer**.
- h Mein Rucksack ist schwerer **als deine Tasche**.
- i Mathematik ist schwieriger **als Biologie**.
- j Mein Freund arbeitet schneller **als ich**.
- k Schildkröten werden älter **als Pferde**.
- l Viele Kinder werden später einmal größer **als ihre Eltern**.
- m Im Sommer bleibt es länger hell **als im Winter**.

45 Dinosaurier waren die **größten** Tiere. Sie waren **am stärksten**. Sie waren auch **am schnellsten**.

46

Grundform (Positiv)	Komparativ	Superlativ
billig	billiger	am billigsten
teuer	teurer	am teuersten
ernst	ernster	am ernstesten
sportlich	sportlicher	am sportlichsten

schwer	schwerer	am schwersten
geizig	geiziger	am geizigsten
langweilig	langweiliger	am langweiligsten
lecker	leckerer	am leckersten
stark	stärker	am stärksten
alt	älter	am ältesten
klein	kleiner	am kleinsten

47
- a Die frühesten Dinosaurier waren noch ziemlich klein, sie waren ungefähr so groß wie Braunbären.
- b So riesig wie ein halber Fußballplatz wurden einige Dinosaurier.
- c Der Tyrannosaurus Rex war so hoch wie ein einstöckiges Haus.
- d So viel wie 20 Elefanten wogen einige Dinosaurier.
- e Die Hälse vieler Dinosaurier waren so lang wie die Hälse von Giraffen.
- f So groß wie Fußbälle waren die Eier von Dinosauriern.
- g Die Dinosaurier waren mit ihren Kindern so geduldig wie Vogeleltern.
- h Auch im Meer gab es Dinosaurier, sie sahen aus wie riesige Delfine.
- i Einige Dinosaurier konnten fliegen, sie hatten Häute wie Fledermäuse.

48
- a Ein Brachiosaurus wog so viel wie **zwanzig erwachsene Elefanten**.
- b Ein Supersaurus war so lang wie **ein Freibad**.
- c Der Kopf des Tyrannosaurus Rex war so groß wie **ein Kalb**.
- d Seine Zähne waren spitz wie **Dolche**.
- e Jeder Zahn war so lang wie **ein Brotmesser**.

49
- a hochmütig sein
- b gut reden können
- c durch gute Kontakte etwas leicht bekommen
- d mit selbst verschuldeten Schwierigkeiten allein fertig werden müssen
- e nichts verstehen
- f nicht mehr wissen, was man sagen wollte
- g auf jemanden zugehen
- h jemanden betrügen
- i sich nichts gefallen lassen
- j untätig bleiben

50
- a Das ist so unwahrscheinlich, das glaube ich nicht.
- b Du bist verrückt. (Umgangssprachlich: Du spinnst wohl.)
- c Der Junge war völlig verwirrt.
- d Das ist beeindruckend.
- e Das ist ungeheuerlich und empörend. (Man kann es kaum glauben.)
- f Sie hört gar nicht zu.
- g Kannst du dich mal beeilen?
- h Vorhin hat meine Lehrerin lange auf mich eingeredet.

51
- a Man sollte andere Menschen nicht hereinlegen, sonst hat man am Ende selbst den Schaden.
- b Man sollte sich richtig verhalten, dann muss man sich keine Sorgen machen.
- c Man sollte eine Sache früh lernen; später lernt man sie nicht mehr.
- d Man sollte sich lieber absichern.
- e Man sollte lieber auf einen Rat hören, sonst wird man das später bereuen.
- f Man sollte nicht zu viele Leute an einer Aufgabe arbeiten lassen. (Gemeint ist: Es sollten sich nicht zu viele Leute in eine Sache einmischen.)
- g Man sollte bedenken, dass man immer die Reaktion bekommt, die zum eigenen Verhalten passt. Wenn man selbst unfreundlich (oder freundlich) ist, sind die Menschen auch unfreundlich (oder freundlich) zu einem.
- h Man sollte andere nicht belauschen, sonst hört man (möglicherweise), wie sie schlecht über einen reden (über seine Fehler – „Schand'").

52

Grundform (Positiv)	Komparativ	Superlativ
schnell	schneller	am schnellsten
hell	heller	am hellsten
lang	länger	am längsten
kalt	kälter	am kältesten
heftig	heftiger	am heftigsten
arm	ärmer	am ärmsten
schlecht	schlechter	am schlechtesten
hart	härter	am härtesten
warm	wärmer	am wärmsten

53

a bunt → bunter
b berühmt → berühmter
c rund → runder
d mild → milder
e breit → breiter
f dicht → dichter
g weit → weiter
h gesund → gesünder
i krank → kränker
j klug → klüger
k blank → blanker
l arg → ärger
m flink → flinker
n schlank → schlanker
o gelb → gelber
p grob → gröber
q plump → plumper
r derb → derber
s lieb → lieber
t taub → tauber

54

SCHNELLIMBISS, VERKEHRSREGEL, SPRECHSTUNDE, HUNDEMÜDE, LEICHTSINN, KLEINLAUT, LASTWAGEN, MESSERSCHARF, NOTAUSGANG, BLECHSCHADEN, BITTERERNST, HAUSAUFGABEN, GERTENSCHLANK, ZUCKERSÜß, GEBURTSTAGSKUCHEN, FAHRBEREIT, BILDSCHÖN, BÄRENSTARK, VOGELKÄFIG, BLUMENSTRAUß, HAARSTRÄUBEND, GESPRÄCHSBEREIT, REISEBÜRO, ESSTISCH, HUNGERLOHN, NACHTISCH, FAHRRADSCHUPPEN, HERZERWEICHEND, MÄUSCHENSTILL, RABENSCHWARZ

Kleinschreibung: hundemüde, kleinlaut, messerscharf, bitterernst, gertenschlank, zuckersüß, fahrbereit, bildschön, bärenstark, haarsträubend, gesprächsbereit, herzerweichend, mäuschenstill, rabenschwarz

Großschreibung: Schnellimbiss, Verkehrsregel, Sprechstunde, Leichtsinn, Lastwagen, Notausgang, Blechschaden, Hausaufgaben, Geburtstagskuchen, Vogelkäfig, Blumenstrauß, Reisebüro, Esstisch, Hungerlohn, Nachtisch, Fahrradschuppen

55

a fleißig wie eine Biene
b hoch wie ein Haus
c leicht wie eine Feder
d klar wie Glas
e groß wie ein Riese
f rund wie eine Kugel
g schnell wie ein Blitz
h hart wie Stein
i scharf wie ein Messer
j weich wie Butter

56 *Dein Steckbrief könnte so aussehen:*

Gesucht: Dinosaurier

Wer hat einen lebenden Dinosaurier gesehen? Das Tier fällt schon durch seine ungeheure Größe auf: Einige dieser Riesenechsen werden so hoch wie Kirchtürme und so lang wie Freibäder. Allein der Kopf kann die Ausmaße eines Kalbs annehmen!	Allgemeine Anfrage Auffälligste Besonderheit: Größe
Wegen ihrer gewaltigen Körpermasse sind Dinosaurier sehr schwer; ein einziges Exemplar kann so viel wiegen wie 20 ausgewachsene Elefanten. Trotzdem können diese gigantischen Tiere erstaunliche Geschwindigkeiten erreichen, und das, obwohl die meisten von ihnen nur auf zwei Beinen laufen. Wenn eine Riesenechse in Bewegung ist, bebt ringsherum die Erde.	Weitere Einzelheiten: Gewicht Schnelligkeit
Ungefährlich sind Dinosaurier aber nicht. Das liegt nicht nur an ihrer Größe und an ihren Kräften, sondern auch an ihren Kauwerkzeugen. Bei manchen Tieren sind die Zähne so spitz wie Dolche und so lang wie Brotmesser.	Gefährlichkeit – durch Größe/ Stärke – durch Zähne
Unter den Dinosauriern gibt es Fleischfresser und Pflanzenfresser. Mit ihren langen Hälsen können die Vegetarier unter ihnen ganze Bäume kahl fressen, denn sie erreichen mühelos auch Blätter, die auf den obersten Ästen wachsen.	Ernährungsgewohnheiten: Fleischfresser und Pflanzenfresser
Bei der Fortpflanzung verhalten sich einige Dinosaurier wie Vögel: Sie bauen Nester und legen ihre Eier hinein. Wenn die Jungen geschlüpft sind, kümmern sie sich so lange um sie, bis diese allein zurechtkommen.	Fortpflanzungsart Brutpflege
Man findet Dinosaurier am ehesten in abgelegenen Gegenden, fernab jeder Zivilisation. Die meisten von ihnen sind Landtiere. Es gibt aber auch Dinosaurier, die fliegen können, und einige Arten leben auch im Wasser.	Mögliches Lebensumfeld: Land, Luft, Wasser
Sollte jemand einen Dinosaurier gesichtet haben, melde er sich bitte bei dem Dinosaurierforscher Max Muth unter der E-Mail-Adresse Muth.Max@dino.com.	Bitte um Hinweise

(241 Wörter)

Kapitel 3: Kaninchen

57 Der Sachtext informiert über die Unterschiede zwischen Hasen und Kaninchen. Im Mittelpunkt steht die Lebensweise der Kaninchen.

58 *Mögliche Informationen:*

- **a** Man erfährt, **dass** Kaninchen keine Hasen sind, obwohl sie zur Ordnung der Hasentiere gehören.
- **b** Man erfährt, **wo** die Kaninchen vor 2 000 Jahren gelebt haben.
- **c** Man erfährt, **was** Kaninchen tun, wenn sie eine Gefahr wittern.
- **d** Man erfährt, **wie** Kaninchen in der freien Natur leben.
- **e** Man erfährt, **wann** die Kaninchen nach Nordeuropa kamen.

59

Der Text informiert darüber, …	Absatz Nr.
… woher die Haus- und Wildkaninchen ursprünglich kamen.	III
… warum Kinder Zwergkaninchen niedlich finden.	I
… warum es in Europa keine Kaninchenplage gegeben hat.	IV
… welche Unterschiede es zwischen Hasen und Kaninchen gibt.	II
… wie Wildkaninchen ihr Revier markieren.	V
… wann sogar Zwergkaninchen zubeißen können.	VI
… welche Laute Zwergkaninchen von sich geben.	VII
… wie sich Wildkaninchen bei Gefahr verhalten.	V

60 Sie gehören beide **zur Ordnung der Hasentiere**.

61

Wildkaninchen	Hasen
Kaninchen wiegen höchstens zwei Kilo.	Hasen werden bis zu fünf Kilo schwer.
Wildkaninchen leben in Höhlen.	Hasen leben in Gruben.
Wildkaninchen sind Nesthocker.	Hasen sind Nestflüchter.
Wildkaninchen besitzen lange Ohren.	Hasen besitzen auffallend lange Ohren.
Wildkaninchen sind gesellig.	Hasen sind Einzelgänger.

62 ☒ das Hören
☒ das Sehen
☒ das Riechen

63 a Kinder schließen Zwergkaninchen sofort ins Herz.
b Sie bekommen in der Sippe einen bestimmten Platz; bei den Kaninchen gibt es mächtigere und weniger mächtige Tiere.
c In Europa hat es keine Kaninchenplage wie in Australien gegeben, weil es für die Kaninchen viele natürliche Feinde gibt.
d Die meisten Menschen mögen Wildkaninchen – die einen mögen sie mehr, die anderen weniger.
e Zwergkaninchen beißen nur dann, wenn sie von Menschen sehr gereizt (oder geängstigt) werden.

64 a Kaninchen gehören zwar zur Ordnung der Hasentiere, aber sie sind keine Hasen.
b Die Tragzeit dauert gut vier Wochen.
c Wenn sie geboren werden, sind sie winzig, nackt, blind und hilflos.
d Einige Hauskaninchen konnten der Gefangenschaft entkommen, und sie haben in der freien Natur überlebt.
e Sie klopfen mit den Hinterläufen auf den Boden, um ihre Artgenossen zu warnen.
f Sie flüchten, wenn sie merken, dass der Feind ganz nah ist, oder wenn ihr Bau in der Nähe ist.
g Sie liegen leise glucksend im Käfig.

65 a ☒ Er mag sie.
b Der Verfasser weiß sehr viel über Kaninchen. Das zeigt, dass er sich intensiv mit diesen Tieren beschäftigt hat. Außerdem informiert er den Leser nicht nur darüber, wie Kaninchen in der freien Natur leben, sondern er äußert sich auch dazu, wie Zwergkaninchen auf ihren Besitzer reagieren. Er sagt z. B., dass sie sich aufrichten, um ihre Besitzer zu „begrüßen“ (Z. 56). Anscheinend meint er, dass es zwischen einem Kaninchen und seinem Besitzer eine freundschaftliche Beziehung gibt. In seinen Augen sind Kaninchen auch sehr gutmütig, denn er sagt, dass sie ihren Besitzer nur dann beißen, wenn er sich ein „übles Fehlverhalten“ (Z. 67) erlaubt.

66 *Mögliche Lösung:*

Wer? Was?	Passende Verben
Vogel	fliegen, kommen, laufen, rufen, schlafen, singen
Kind	arbeiten, erklären, gehen, klingeln, kochen, kommen, lachen, laufen, rufen, schlafen, schreiben, singen, spielen, wachsen, weinen
Wind	wehen
Lehrer	arbeiten, erklären, gehen, klingeln, kochen, kommen, lachen, laufen, rauchen, rufen, schlafen, schreiben, singen, spielen, weinen
Blume	blühen, wachsen
Telefon	klingeln
Schornstein	rauchen
Suppe	dampfen, kochen, schmecken
Wasser	dampfen, fließen, kochen, laufen, schmecken
Musik	laufen, spielen

67

	Infinitiv
(er) stört	stören
(du) lachst	lachen
(ihr) spielt	spielen
(ich) wasche	waschen
(du) reitest	reiten
(du) lernst	lernen
(ihr) kommt	kommen
(du) fragst	fragen
(sie) springen	springen
(ich) winke	winken
(du) schreibst	schreiben

	Infinitiv
(er) bastelt	basteln
(es) regnet	regnen
(sie) liest	lesen
(ihr) lauft	laufen
(du) trinkst	trinken
(du) sparst	sparen
(er) hört	hören
(sie) arbeitet	arbeiten
(ich) denke	denken
(ihr) kennt	kennen
(wir) helfen	helfen

68

a Unsere Nachbarn **verreisen**.
b Großvater **schläft**.
c Die Partygäste **tanzen**.
d Ich **rechne**.
e Der Kunde **bezahlt**.
f Unser Lehrer **erzählt**.
g Ihr **lauft**.
h Wir **arbeiten**.
i Meine Mutter **telefoniert**.
j Die Kinder **kochen**.
k Du **schwimmst**.
l Der Postbote **kommt**.
m Der Wind **weht**.
n Der Autofahrer **bremst**.
o Das Baby **schreit**.
p Der Mantel **passt**.

69 **Katzen**

Katzen **sind** Raubtiere. Sie **leben** überall auf der Erde. Man **kennt** 30 verschiedene Arten; die kleinsten Katzen **sind** 35 Zentimeter lang, die größten fast drei Meter.
Jede Katze **hat** einen kurzen, rundlichen Kopf. Auf ihren weichen Fußsohlen **nähert** sie sich geräuschlos ihrem Opfer. Dann **packt** sie blitzschnell mit ihren Krallen zu und **hält** das überraschte Tier **fest**. Auch in der Dunkelheit **sieht** eine Katze sehr gut.
In Deutschland **zählen** Katzen zu den beliebtesten Haustieren. Allerdings **gibt** es für die meisten Katzenbesitzer ein Problem: Ihre Lieblinge **schärfen** regelmäßig ihre Krallen. Das **tun** sie, indem sie damit **kratzen**. Oftmals **beschädigen** sie so die Möbel oder die Wände. Ein kluger Katzenbesitzer **stellt** seiner Katze deshalb einen Kratzbaum **hin**. Dann **schärft** sie ihre Krallen an dem Stamm.

70 *Mögliche Sätze:*

Sie wohnen in selbst gegrabenen Höhlen. (vgl. Z. 14–16)
Sie erreichen ein Gewicht von höchstens zwei Kilo. (vgl. Z. 17–19)
Sie vermehren sich rasch. (vgl. Z. 34 f.)
Sie reiben ihr Kinn an allen möglichen Gegenständen. (vgl. Z. 52 f.)
Bei Gefahr drücken sie sich flach auf den Boden. (vgl. Z. 58–60)

71

a Das Zwergkaninchen *gefellt/gefällt* vielen Kindern.	*gefallen*
b Das Wildkaninchen *grebt/gräbt/grept/gräpt* sich eine Höhle.	*graben*
c Dort *lebt/lept* es in einer Großfamilie.	*leben*
d Im Mittelalter *gelangten / gelankten* die Hauskaninchen nach Nordeuropa.	*gelangen*
e Wenige Tiere *genügten / genükten*, um eine stabile Population zu erreichen.	*genügen*

f	In der freien Natur *gibt / gipt* es Verhaltensweisen, die das Zusammenleben regeln.	*geben*
g	Auch unser Hauskaninchen *zeigt / zeikt* noch ein solches Verhalten.	*zeigen*
h	Beispielsweise *hinterlesst / hinterlässt* es seinen persönlichen Duft, indem es sein Kinn an verschiedenen Gegenständen *reibt / reipt.*	*hinterlassen* *reiben*
i	Bei Gefahr *stellt / ställt* sich das Kaninchen auf, um einen besseren Überblick zu haben.	*stellen*
j	Bei akuter Gefahr *drügt / drükt / drückt* sich das Kaninchen flach auf den Boden und *legt / lekt* die Ohren an.	*drücken* *legen*
k	In der Not *stregt / strekt / streckt / strägt / sträkt / sträckt* es den Kopf nach vorne.	*strecken*
l	Dann *verteidigt / verteidikt* es sich.	*verteidigen*

72

Adjektive mit -ig	Adjektive mit -lich
häufig, richtig, gesellig, winzig, vielfältig, wenig, dreißig, derartig, einstig, sechzig	wesentlich, möglich, ursprünglich, nördlich, natürlich, zierlich, niedlich, persönlich, bedrohlich, ähnlich, empfindlich, vernehmlich

Hinweis: Die Wörter „Geschwindigkeit“ (Z. 10 f.) und „Käfig“ (Z. 78) gehören nicht dazu, weil es Nomen sind. Bei den Wörtern „verteidigen“ (Z. 65) und „ermöglichen“ (Z. 71) handelt es sich um Verben. Auch das Wort „nämlich“ (Z. 28) passt nicht, da es sich um ein Adverb handelt.

73 wicht**ig**, vielseit**ig**, fürchter**lich**, bedauer**lich**, gelenk**ig**, bedürft**ig**, lächer**lich**, köst**lich**, länd**lich**, wind**ig**, wirk**lich**, kräft**ig**, pein**lich**, gründ**lich**, fleiß**ig**, rein**lich**, wunder**lich**, bedenk**lich**, durst**ig**, zier**lich**, fert**ig**, unmög**lich**, bärt**ig**, läst**ig**, männ**lich**, eis**ig**, lust**ig**, fried**lich**

74

	Stammwort
gefährlich / ~~gefehrlich~~	Gefahr (auch: fahren)
mächtig / ~~mechtig~~	Macht
~~vergässlich~~ / vergesslich	vergessen
lächerlich / ~~lecherlich~~	lachen
erträglich / ~~ertreglich~~	ertragen
kindlich / ~~kintlich~~	Kind
tatsächlich / ~~tatsechlich~~	Tatsache
zufällig / ~~zufellig~~	Zufall (auch: fallen)
~~ährlich~~ / ehrlich	Ehre
endlich / ~~entlich~~	Ende
verächtlich / ~~verechtlich~~	verachten

75 a ~~nebelich~~, ~~eklich~~, ~~zufällich~~

b
- Man schreibt **nebelig**, weil das zugehörige Nomen **Nebel** heißt. (**Nebel** + ig → **nebelig**; auch: **neblig**)
- Man schreibt **eklig**, weil das zugehörige Nomen **Ekel** heißt. (**Ekel** + ig → **eklig**)
- Man schreibt **zufällig**, weil das zugehörige Nomen **Zufall** heißt. (**Zufall** + ig → **zufällig**)

76

Farbe + ig → farbig
Verstand + lich → verständlich
Falte + ig → faltig
Wasser + ig → wäss(e)rig
Knoten + ig → knotig
Jammer + lich → jämmerlich
Ecke + ig → eckig
Riss + ig → rissig
Punkt + lich → pünktlich
Dreck + ig → dreckig

Verdacht + ig → verdächtig
Geiz + ig → geizig
Rost + ig → rostig
Hast + ig → hastig
Erbarmen + lich → erbärmlich
Stunde + lich → stündlich
Not + ig → nötig
König + lich → königlich
Hof + lich → höflich
Stachel + ig → stachelig

77 *Stichworte, mit Buchstaben nach Gruppen sortiert:*

- Zwergkaninchen: kleine Stupsnase, große Augen, runder Kopf (B)
- keine Hasen (A)
- gehören zur Ordnung der Hasentiere (A)
- in Körperbau und Verhalten anders als Hasen (A)
- Wildkaninchen gesellig (G)
- wohnen in selbst gegrabenen Höhlen (G)
- höchstens zwei Kilo schwer (C)
- Kaninchenbabys: bei Geburt winzig, hilflos, nackt, blind (F)
- Nesthocker (F)
- strenge Rangordnung in Großfamilie (G)
- Sippe als Schutz vor Feinden (G)
- ursprünglich aus Spanien (D)
- in Spanien vor zweitausend Jahren als Fleischlieferanten gehalten (J)
- im Mittelalter nach Nordeuropa gelangt (E)
- einige entkamen der Gefangenschaft (E)
- vermehren sich rasch (F)
- bald viele Wildkaninchen in Nordeuropa (E)
- in Australien Plage (E)
- in Nordeuropa viele Feinde, deshalb keine Plage (E)
- in Europa gern gesehen in Feld, Flur, Park-, Gartenanlagen (E)
- Hauskaninchen als „Stallhasen" gehalten (J)
- seit etwa sechzig Jahren auch Zwergkaninchen (J)
- markieren Revier mit Kot, Urin (I)
- reiben Kinn an Gegenständen: hinterlassen persönlichen Duft (I)
- stellen sich auf: bei Gefahr, zum Fressen an Büschen, um Besitzer zu begrüßen (I)
- klopfen bei Gefahr mit Hinterläufen auf Boden: Warnung an Artgenossen (I)
- bei akuter Gefahr: drücken sich flach auf Boden, legen Ohren an (I)
- wilde Flucht, wenn Feind in unmittelbarer Nähe (I)
- angespannter Körper, angelegte Ohren: bereit, sich zu verteidigen (I)
- beißen auch zu, sogar Zwergkaninchen (aber nur bei üblem Fehlverhalten des Besitzers) (I)
- pflegen Kontakt mit Besitzer: stupsen ihn an, lecken ihm die Hand (I)
- relativ große Ohren (B)
- können gut riechen, sehen, hören (H)
- reagieren empfindlich auf laute und hohe Töne (I)
- können nicht viele Laute hervorbringen (H)

- laute, schrille Schreie Zeichen für äußerste Not, großes Leid (I)
- knirschen bei Schmerzen mit Zähnen (I)
- leichte Kau- und Mahlgeräusche bei Wohlbefinden (I)

Überschriften zu den Buchstabengruppen:

A Allgemein
B Aussehen
C Gewicht
D Herkunft
E Entwicklung
F Fortpflanzung
G Lebensweise
H Fähigkeiten
I Verhalten
J Haltung

Geordnete Stichwortsammlung:

Allgemein:
- gehören zur Ordnung der Hasentiere
- keine Hasen
- in Körperbau und Verhalten anders als Hasen

Aussehen:
- relativ große Ohren
- Zwergkaninchen: kleine Stupsnase, große Augen, runder Kopf

Gewicht:
- höchstens zwei Kilo schwer

Herkunft:
- ursprünglich aus Spanien

Entwicklung:
- im Mittelalter nach Nordeuropa gelangt
- einige entkamen der Gefangenschaft
- bald viele Wildkaninchen in Nordeuropa
- in Australien Plage
- in Nordeuropa viele Feinde, deshalb keine Plage
- in Europa gern gesehen in Feld, Flur, Park- und Gartenanlagen

Fortpflanzung:
- vermehren sich rasch
- Kaninchenbabys: bei Geburt winzig, hilflos, nackt, blind
- Nesthocker

Lebensweise:
- wohnen in selbst gegrabenen Höhlen
- Wildkaninchen gesellig
- strenge Rangordnung in Großfamilie
- Sippe als Schutz vor Feinden

Fähigkeiten:
- können gut riechen, sehen, hören
- können nicht viele Laute hervorbringen

Verhalten:
- markieren Revier mit Kot, Urin
- reiben Kinn an Gegenständen: hinterlassen persönlichen Duft
- stellen sich auf: bei Gefahr, zum Fressen an Büschen, um Besitzer zu begrüßen
- klopfen bei Gefahr mit Hinterläufen auf Boden: Warnung an Artgenossen
- bei akuter Gefahr: drücken sich flach auf Boden, legen Ohren an
- wilde Flucht, wenn Feind in unmittelbarer Nähe
- angespannter Körper, angelegte Ohren: bereit, sich zu verteidigen
- beißen auch zu, sogar Zwergkaninchen (aber nur bei üblem Fehlverhalten des Besitzers)
- pflegen Kontakt mit Besitzer: stupsen ihn an, lecken ihm die Hand
- reagieren empfindlich auf laute und hohe Töne
- laute, schrille Schreie Zeichen für äußerste Not, großes Leid
- knirschen bei Schmerzen mit Zähnen
- leichte Kau- und Mahlgeräusche bei Wohlbefinden

Haltung:
- in Spanien vor zweitausend Jahren als Fleischlieferanten gehalten
- Hauskaninchen als „Stallhasen“ gehalten
- seit etwa sechzig Jahren auch Zwergkaninchen (als Haustiere gehalten)

Kapitel 4: Axel und die Freude

78 Ein Junge namens Axel hat Probleme damit, seiner Familie von seiner Freude zu erzählen. Einmal aber ist seine Freude so groß, dass es ihm doch gelingt, andere daran teilhaben zu lassen.

79
- a Axel rannte nach Hause. (Z. 1)
- b Axel riss die Tür zum Zimmer seiner Schwester auf. (Z. 11)
- c Hanna schnippte mit den Fingern. (vgl. Z. 13 f.)
- d Sie scheuchte Axel weg. (Z. 14)
- e Susi steckte Axel einen Brief zu. (vgl. Z. 39)
- f Axel riss den Brief auf. (vgl. Z. 50)
- g Ziemlich spät am Abend schlüpfte Axel unter seine Decke. (vgl. Z. 74 f.)
- h Seine Freude wuchs. (vgl. Z. 63 f., 77)

80 an einem Dienstag

81 Er hat sich gefreut, weil …
- Susi auf dem Schulhof mit ihm geredet hat.
- Erwin ihn in seine Mannschaft gewählt hat.
- er beim Lesen nicht ein einziges Mal den Faden verloren hat.
- die Lehrerin sein Piratenbild in der Klasse aufgehängt hat.

82 „Axel rannte nach Hause.“ (Z. 1)
„Axel läutete Sturm.“ (Z. 5)

83 Niemand hat Zeit für ihn. Deshalb kann er niemandem von seiner Freude erzählen.

84 Sie kommt eine halbe Stunde später in sein Zimmer.

85 Es passiert nichts Besonderes.

86 Er freut sich darüber, dass er es geschafft hat, an den langen, glatten Stangen hochzuklettern.

87 Er will seine Freude nicht verlieren.

88 Sie wundert sich darüber, dass er am hellen Nachmittag ins Bett geht.

89 Er hat Angst davor, dass seine Freude wieder weniger wird.

90 Er zieht die Mundwinkel herunter. Das heißt, dass er ein mürrisches Gesicht macht.

91 [X] Eine Klassenkameradin gibt ihm einen Brief.

92 Auf dem Briefumschlag steht: „Für meinen Freund Axel." Sie lädt ihn zum Geburtstag ein und sagt, dass er unbedingt kommen soll („Komm bestimmt.").

93 Die Freude ist so groß, dass Axel sie nicht unterdrücken kann. Jeder sieht ihm seine Freude an.

94
- eine alte Frau
- ein kleines Mädchen
- einen humpelnden Mann
- einen schimpfenden Autofahrer
- einen streng blickenden Mann
- einen eiligen Briefträger
- einen weinenden Jungen

95 Sie denkt, er muss dringend zur Toilette.

96 Die Freude ist so groß.

97 Weißt du was, Papa? Susi hat mich zu ihrem Geburtstag eingeladen! Sie hat mir heute in der Schule einen Brief zugesteckt. Ich hab' den Brief aber nicht gleich aufgemacht, sondern ich hab' gewartet, bis die Schule aus war. Auf dem Nachhauseweg hab' ich ihn dann rausgeholt und gelesen. Stell dir vor: Susi hat geschrieben: „Für meinen Freund Axel"! Und sie will unbedingt, dass ich zu ihrem Geburtstag komme. Was sagst du dazu? *(72 Wörter)*

98 *Folgende Textstellen mit wörtlicher Rede solltest du unterstrichen haben:*
„Mama, ich muss dir was erzählen!" (Z. 7)
„Moment", sagte sie, „ich muss erst das Farbband wechseln, das ist total verheddert. Und dann muss ich die Seite fertig schreiben, sonst vergesse ich, wie's weitergeht." (Z. 8–10)
„Hanna, ich muss dir was erzählen!" (Z. 12)
„Axel!", rief die Mutter. (Z. 30)
Dann kam der Tag, an dem Susi Axel geheimnisvoll einen Brief zusteckte und sagte: „Erst nach der Schule lesen." (Z. 39 f.)

„Für meinen Freund Axel", stand auf dem Briefumschlag. (Z. 50)
„Ich lade dich zu meinem Geburtstagsfest ein", hatte Susi geschrieben. „Komm bestimmt." (Z. 51 f.)
„Wenn du aufs Klo musst, dann geh doch", sagte sie. (Z. 66 f.)

a [X] manchmal

b [X] in verschiedenen Absätzen

99 „Mama, ich muss dir was erzählen!", **jubelte Axel.**
„Hanna, ich muss dir was erzählen!", **rief Axel.**

100 *Verbesserungsvorschläge:*

a „Mama, stell dir vor, heute war es ganz toll in der Schule!", rief Axel.
b Sie antwortete: „Später! Im Moment bin ich schrecklich beschäftigt."
c Er strahlte sie an: „Ich muss dir unbedingt was erzählen!"
d „Lass mich in Ruhe", brummte sie.
e „David, hör mal zu!", sprach Axel.
f „Jetzt nicht – später!", murmelte er.

101 *Mögliche Zuordnung:*

eher leise	**eher laut**
flüstern, wispern, zischen	brüllen, rufen, schreien
eher freundlich	**eher unfreundlich**
bitten, loben	brummen, drängen, drohen, fordern, höhnen, kritisieren, lästern, schimpfen, tadeln, zürnen
eher sicher/deutlich	**eher unsicher/undeutlich**
befehlen, behaupten, bestätigen, erklären, forschen, kommandieren, verlangen, versichern, widersprechen, zustimmen	murmeln, nuscheln, stammeln, stottern, vermuten
eher gut gelaunt	**eher schlecht gelaunt**
blubbern, lachen, scherzen, schwatzen	(sich) empören, jammern, klagen, meckern, protestieren, toben, zanken
neutral	
anmerken, antworten, äußern, bemerken, entgegnen, ergänzen, erwidern, fragen, hinzufügen, meinen, reden, vorschlagen	

102
- a das Fenster öffnen
- b teilnehmen
- c vorschlagen
- d aufbrechen
- e den Fußboden wischen
- f nachdenken
- g seine Hausaufgaben erledigen
- h (sich) verschulden
- i spielen
- j einkaufen
- k viel Geld verdienen
- l jemandem eine Freude bereiten
- m sich kämmen

103 *Mögliche Verben aus dem Wortfeld „gehen“:*

langsam gehen	schnell gehen	leise gehen	laut gehen
bummeln	rennen	schleichen	trampeln
trotten	eilen	huschen	poltern
schlurfen	jagen	schweben	stapfen
trödeln	stürmen	tänzeln	stampfen

104 *Mögliche Nomen aus dem Wortfeld „Haus“:*

Haus			
Villa (+)	Bauwerk	Ferienhaus	Kate (–)
Schuppen (–)	Bungalow	Hochhaus	Schloss (+)
Hütte (–)	Palast (+)	Wohnhaus	Baracke (–)
Gebäude	Reihenhaus	Landhaus	Bude (–)

105
- a Lass mich endlich in Ruhe!
- b Susi hat mich zum Geburtstag eingeladen. (*auch möglich:* !)
- c Kannst du mir mal helfen?
- d Morgen schreiben wir eine Englischarbeit.
- e Ich habe jetzt keine Zeit.
- f Warum muss meine Mutter so viel arbeiten?
- g Hat jemand mein Federmäppchen gesehen?
- h Da fliegt ein Schmetterling. (*auch möglich:* !)
- i Schubs mich nicht dauernd!
- j Schau mal, wie Axel die Stangen hochklettert!
- k Meine Tintenpatrone ist leer.
- l Was kann ich Susi zum Geburtstag schenken?
- m In diesem Jahr hat es ziemlich oft geregnet.
- n Pass auf, ein Auto kommt!

106 „Ich möchte euch etwas erzählen“, sagte Axel.

107 a Aussage: Unser Lehrer sagte: „Am Montag schreiben wir einen Test.“
Frage: Die Schüler fragten: „Ist das wirklich wahr?“
Ausruf: Der Lehrer rief: „Aber sicher!“

b Aussage: „Für eine Eins bekommst du zehn Euro“, sagt mein Vater.
Frage: „Meinst du das ernst?“, frage ich.
Ausruf: „Selbstverständlich meine ich das ernst!“, ruft mein Vater.

108 Stefan sitzt in der Bank neben Melanie. Alle anderen Jungen sitzen neben Jungen. Nur Stefan sitzt neben einem Mädchen. Er sitzt gern neben Melanie.
Die Jungen hänseln Stefan und Melanie. Auch die Mädchen hänseln sie. Sie sagen: „Stefan ist verliebt in Melanie!“ Oder sie sagen: „Melanie ist verliebt in Stefan.“ Stefan wird dann rot, und auch Melanie wird rot.
Sie trauen sich nicht mehr miteinander zu sprechen. Am liebsten möchte Stefan nicht mehr neben Melanie sitzen, obwohl er sie mag.
„Woher wissen die, dass ich in Melanie verliebt bin?“, denkt Stefan. Er selbst weiß nicht, ob er verliebt ist. Er weiß überhaupt nicht, was Verliebtsein ist.
Er fragt seine Mutter: „Wie ist das, wenn man verliebt ist?“ „Es kribbelt im Bauch und rumort in der Herzgegend herum“, sagt sie. „Mich sticht es in die Seite“, sagt Stefan. „Das kommt nicht von der Liebe, das kommt vom Fußballspielen“, sagt die Mutter.

109 a

Was war der Grund?	Wer tat was?	Was war das Ziel?
hatte in der Schule viel Schönes erlebt	Axel rannte nach Hause.	wollte seine Freude mitteilen
war aufgeregt und ungeduldig	Axel läutete Sturm.	wollte seiner Mutter schnell alles erzählen
hatte keine Zeit	Seine Mutter hörte nicht zu.	wollte Farbband wechseln
hoffte, dass sie Zeit für ihn hatte	Axel ging zu seiner Schwester Hanna.	wollte ihr von seiner Freude erzählen
wollte nicht gestört werden	Hanna scheuchte ihn weg.	wollte Musik hören
hoffte, dass er Zeit für ihn hatte	Axel ging zu seinem Bruder David.	wollte ihm von seiner Freude erzählen
wollte nicht gestört werden	David schickte ihn weg.	wollte telefonieren
	Axel vergaß seine Freude.	

hatte es geschafft, die Stangen hochzuklettern	Am Donnerstag freute Axel sich wieder.	
wollte seine Freude nicht verlieren	Axel behielt seine Freude für sich.	hoffte, die Freude würde bleiben
	Die Freude verschwand.	
hatte Angst, dass die Freude verschwand	Axel wollte sich nicht mehr freuen.	
Susi mochte Axel.	Axel bekam von Susi eine Einladung zum Geburtstag.	
Freude war so groß	Axel erzählte allen von seiner Freude.	Freude wuchs

b *Deine Nacherzählung könnte so aussehen:*

Axel und die Freude

Eines Tages hatte Axel in der Schule sehr viel Schönes erlebt. Da lief er mittags ganz schnell nach Hause, weil er es kaum abwarten konnte, seiner Mutter davon zu erzählen. Aber sie wollte ihn gar nicht anhören. „Ich habe jetzt keine Zeit“, meinte sie. Sie war gerade damit beschäftigt, bei ihrer Schreibmaschine das Farbband auszuwechseln.

Also versuchte Axel es bei seiner Schwester Hanna. Aber die hatte sich Kopfhörer übergestülpt, um Musik zu hören, und scheuchte ihn weg. Auch sein Bruder David hatte keine Zeit, denn er telefonierte gerade. Da wurde Axel traurig und vergaß all das Schöne, das er erlebt hatte.

Zwei Tage später freute sich Axel erneut: Er schaffte es zum ersten Mal, in der Turnhalle die langen, glatten Stangen hochzuklettern. Darauf war er mächtig stolz. Diesmal behielt er seine Freude ganz für sich, denn er wollte sie nicht wieder verlieren. Am Abend war sie aber doch verschwunden.

Danach hatte Axel Angst vor jeder neuen Freude. „Am besten freue ich mich gar nicht mehr!“, dachte er. Eine schöne Woche wurde das aber nicht.

Dann kam ein ganz besonderer Tag. Axel erhielt eine Einladung zum Geburtstag, und zwar von Susi. Auf dem Einladungsbrief stand: „Für meinen Freund Axel.“ Da wurde Axel so fröhlich, dass er auf dem Nachhauseweg anfing zu hüpfen. Mit seiner Freude steckte er mehrere Leute an, sogar einen weinenden Jungen. Als er zu Hause ankam, war seine Freude immer noch so groß, dass er seiner Mutter gleich um den Hals fiel. „Stell dir vor, Susi hat mich zum Geburtstag eingeladen!“, rief er. Allen erzählte er das, sogar Hanna und David und auch dem Vater. Und als er am Abend im Bett lag, war die Freude immer noch da. *(285 Wörter)*

Kapitel 5: Die drei Federn

			richtig	falsch
110	a	Die Geschichte spielt in einer längst vergangenen Zeit.	☒	☐
	b	Man weiß nicht genau, wann die Geschichte spielt.	☒	☐
	c	Man weiß nicht genau, wo die Geschichte spielt.	☒	☐
	d	Die Hauptperson muss ein gefährliches Abenteuer bestehen.	☐	☒
	e	Es geschehen wundersame Dinge.	☒	☐
	f	Es kommen Tiere vor, die sprechen und denken können.	☒	☐
	g	Es kommen Tiere vor, die verzauberte Menschen sind.	☒	☐
	h	Eine Person ist gut, andere Personen sind schlecht.	☒	☐
	i	Die gute Person ist fleißig, arm und klug.	☐	☒
	j	Eine Person wird ungerecht behandelt.	☒	☐
	k	Der Person, die ungerecht behandelt wird, kommen Zauberkräfte zu Hilfe.	☒	☐
	l	Am Ende siegt die Gerechtigkeit und der Gute wird belohnt.	☒	☐
	m	Die Bösen werden am Ende bestraft.	☒	☐
	n	Es gibt formelhafte Sätze, z. B.: „Es war einmal …“	☒	☐
	o	Jemand sagt einen Zauberspruch auf.	☒	☐
	p	Besondere Zahlen spielen eine Rolle, z. B. die Drei oder die Sieben.	☒	☐

111 ☒ der jüngste Sohn

112 traurig

113 Die Hauptperson ist …

☒ dumm. ☒ jung. ☒ bemüht.

114 Wenn es heißt, dass die Hauptperson **dumm** ist, dann passt das nicht zu der Aussage, dass sie **lange in Weisheit geherrscht hat**.

115 Er sucht einen Erben.
Oder: Er muss entscheiden, welcher seiner Söhne nach ihm König werden soll.

116 a Zuerst sollen sie **den feinsten Teppich bringen**.
b Danach sollen sie **den schönsten Ring bringen**.
c Am Schluss sollen sie **die schönste Frau bringen**.

117

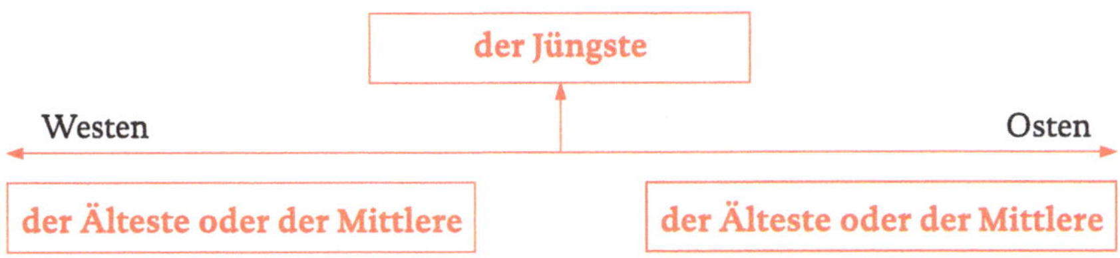

118 a Zuerst: Der jüngste Sohn bringt **den feinsten Teppich**.
Die älteren Brüder bringen **grobe Tücher**.
b Danach: Der jüngste Sohn bringt **den schönsten Ring**.
Die älteren Brüder bringen **alte Wagenringe**.
c Am Schluss: Der jüngste Sohn bringt **die schönste Frau**.
Die älteren Brüder bringen **die erstbesten Bauernweiber**.

119 Eine große, dicke Kröte hilft ihm.

120 **Eine kleine Kröte** verwandelt sich in **eine wunderschöne Frau**.

121 Sie geben sich **keine Mühe**.

122 a ☒ Sie sind hochmütig.
b Sie denken, dass der jüngste Bruder dumm ist und die Aufgaben sowieso nicht erfüllen kann.

123 Das ist die Probe: Die drei Frauen sollen durch einen Ring springen.
So endet sie: Die schöne Frau, die der Dummling gebracht hat, schafft es, und die Bauernweiber schaffen es nicht.

124 Der Dummling wird belohnt. Er wird König.

125 Belohnt wird am Ende die Person, die
☒ immer benachteiligt war.

126 *Mögliche Lösung:* Ich finde das Ende gerecht. Der jüngste Sohn ist von seinen Brüdern immer verachtet worden. Sie haben gedacht, dass er die Aufgaben, die ihnen ihr Vater gestellt hat, sowieso nicht lösen kann, und deshalb haben sie sich nicht die geringste Mühe gegeben. Zwar hat der jüngste Sohn auch Glück gehabt, weil ihm die Kröte mit Zauberkräften geholfen hat. Aber er war wenigstens nicht hochnäsig, und er hat der Kröte auch vertraut. Als König ist er ein weiser Herrscher geworden. *(79 Wörter)*

127
a Der König **brauchte** einen Erben.
b Er **blies** drei Federn in die Luft.
c Die Söhne **suchten** einen Teppich.
d Die ältesten Söhne **gingen** weit fort.
e Der Jüngste **blieb** in der Nähe.
f Er **traf** eine Kröte.
g Die Kröte **holte** eine Schachtel.
h In der Schachtel **steckte** ein schöner Teppich.
i Der jüngste Sohn **erbte** das Reich.

128 *Mögliche Verben:*

regelmäßig	Infinitiv
führte	führen
lachten	lachen
setzte (nieder)	(nieder)setzen
bemerkte	bemerken
klopfte (an)	(an)klopfen
fragte	fragen
antwortete	antworten
holte	holen
machte (auf)	(auf)machen
dankte	danken

unregelmäßig	Infinitiv
war	sein
hatte	haben
sprach	sprechen
hieß	heißen
dachte	denken
wusste	wissen
blies	blasen
flog	fliegen
fiel	fallen
ging	gehen

129 Ein hübsches kleines Mädchen **bekam** von seiner Großmutter ein Käppchen aus rotem Samt. Das **stand** ihm so gut, dass es gar nichts anderes mehr **trug**. Deshalb **hieß** es fortan nur noch Rotkäppchen. Eines Tages **gab** die Mutter der Kleinen einen Korb mit Kuchen und Wein und **schickte** sie zu ihrer Oma. Im

Wald **begegnete** Rotkäppchen dem Wolf; der **fragte** das Mädchen nach seinem Weg. Weil Rotkäppchen den Wolf nicht **kannte**, **hatte** es keine Angst vor ihm. Und so **verriet** es ihm, wohin es **ging**. Als das kleine Mädchen zum Haus der Großmutter **gelangte**, **stand** dort die Tür offen. Im Bett der Großmutter **lag** der Wolf; der **verschlang** das arme Kind. Aber bald **kam** der Jäger am Haus vorbei. Der **wunderte** sich darüber, dass die alte Frau **schnarchte**, und **ging** ins Haus hinein. Dort **fand** er den Wolf im Bett der Großmutter. Da **nahm** er ein Messer und **holte** die Großmutter und Rotkäppchen aus dem Bauch des Wolfs heraus.

130 *Mögliche „Verwandte":*

Stamm	Verb	Nomen	Adjektiv
lach-	lachen lächeln auslachen	(das) Lachen (das) Lächeln (das) Gelächter	lachhaft lächerlich lächelnd
frag-	fragen abfragen ausfragen	(die) Frage (die) Anfrage (der) Fragebogen	fraglich fragwürdig fraglos
nehm-	nehmen annehmen abnehmen	(die) Annahme (das) Benehmen (die) Aufnahme	wahrnehmbar unannehmbar vernehmlich
fehl-	fehlen verfehlen fehlschlagen	(der) Fehler (die) Fehlanzeige (die) Fehlerzahl	fehlerhaft fehlerlos unfehlbar
lehr-	lehren belehren	(der) Lehrer (der) Lehrling (der) Lehrgang	gelehrig lehrhaft lehrreich

131
a fahr-
b halt-
c rat-
d trag-
e denk-
f back-
g steck-
h fang-
i wasch-
j schlaf-
k wachs-
l halt-
m wert-
n geb-
o heb-
p häng-
q acht-
r hoff-
s streb-
t erb-

132 *Deine Geschichte könnte so aussehen:*

Mein Vater blies drei Federn in die Luft; wohin sie flogen, dorthin sollten wir gehen. Die Federn meiner Brüder flogen weit weg, nach Westen und nach Osten. Frohgemut liefen sie auf und davon, immer den Federn nach. Meine Feder aber fiel gleich wieder zu Boden, nur wenige Meter entfernt.

Wie sollte ich hier einen feinen Teppich finden? Das war ganz und gar unmöglich. „Nie werde ich König!", dachte ich. Mir war sehr traurig zumute, und ich setzte mich ins Gras.

Doch was sah ich da? Im Boden unter mir, gleich neben meiner Feder, lag ein Brett. Ich schaute genauer hin, und da merkte ich, dass es eine Falltür war. Vorsichtig hob ich sie an … Dahinter gab es eine steile Treppe, die führte nach unten zu einer Tür. Neugierig stieg ich hinab und klopfte an. Kurz darauf öffnete sich die Tür, und nun sah ich, wer dort wohnte: Eine dicke Kröte hockte da, und neben ihr saßen noch mehrere kleine Kröten!

„Was willst du?", fragte die dicke Kröte, als sie mich erblickte. Ich klagte mein Leid und erzählte ihr, dass ich meinem Vater, dem König, einen feinen Teppich bringen sollte, den ich aber nirgendwo finden konnte.

„Ich will dir helfen", sagte die Kröte und murmelte danach ein paar seltsame Worte. Sofort lief eine der kleinen Kröten fort und kehrte bald darauf mit einer Schachtel zurück. Die dicke Kröte lüftete den Deckel, griff hinein und reichte mir einen Teppich, der war so fein, wie ich noch nie einen gesehen hatte! Ich bedankte mich und eilte heim zu meinem Vater.

(258 Wörter)

Gedanken und Gefühle:
Ratlosigkeit
wörtliche Rede
Traurigkeit
Überraschung
Vorsicht
Neugier
wörtliche Rede
wörtliche Rede
Dankbarkeit

Kapitel 6: Ein richtiger Bub

133 Der Text ist …

[X] eine Erzählung.

134 [X] Es wird eine Geschichte erzählt.

[X] Der Text enthält wörtliche Rede.

135

		sehr wichtig	nicht wichtig	nicht enthalten
a	ein Junge namens Anton	[X]	[ ]	[ ]
b	Antons Vater	[X]	[ ]	[ ]
c	mehrere Jungen	[ ]	[X]	[ ]
d	alle Jungen	[ ]	[ ]	[X]
e	Artisten	[ ]	[ ]	[X]
f	eine Frau	[ ]	[X]	[ ]
g	ein Indianer	[ ]	[ ]	[X]
h	ein Eingeborener	[ ]	[ ]	[X]

Gemeint sind nur diejenigen Personen, die in der Geschichte tatsächlich eine Rolle spielen, nicht diejenigen, von denen nur gesprochen wird.

136 Er wünscht sich ein Meerschweinchen.

137 Der Vater möchte, dass Anton ein „richtiger Bub“ wird.

138 Er schenkt Anton erst **einen Fußball**, dann **ein Skateboard** und schließlich **einen Bumerang**.

139 [X] Er beneidet die Kinder, die heute leben.

140 Er hat **Angst**.

141 Hoffnung, Freude, Begeisterung, Ärger, Sorge, Mitleid, Ratlosigkeit, Neugier, Traurigkeit, Enttäuschung, Erleichterung, Verständnis, Neid, Dankbarkeit, Wut

142 „Aus dir wird (ja doch) nie ein richtiger Bub!“(Zeile 10 f., 24 f. und 41)

143 Anton antwortet nur mit „Ja“ oder „Nein“. Das macht den Vater misstrauisch. Er bekommt das Gefühl, dass sein Sohn gar nichts mit dem Bumerang erlebt hat – weil er nichts zu erzählen hat!

144 Der Vater hat es aufgegeben, aus Anton einen „richtigen Buben“ machen zu wollen, weil alle seine Geschenke nichts bewirkt haben.

145
- a Er nimmt es **auf den Schoß**.
- b Er gibt ihm **Salat**.
- c Er drückt **seine Nase in das weiche Fell**.

146 Anton spricht so mit seinem Meerschweinchen, wie **sein Vater mit ihm gesprochen hat**.

147
- Es beißt Anton in die Nase.
- Es läuft davon.

148 Er beruhigt das Meerschweinchen.

149 richtig

150 *Du solltest dein Kreuz ungefähr so gesetzt haben:*

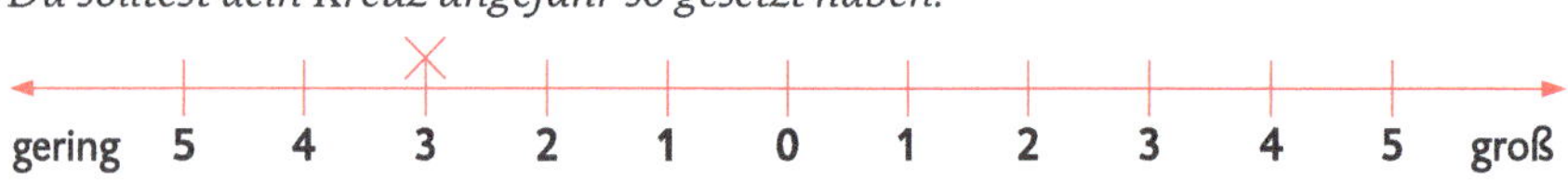

151 Nicht alle Jungen sind gleich. Einige Jungen sind sportlich und wild, andere Jungen sind eher ein bisschen still und zurückhaltend. Anton gehört zu den stillen, zurückhaltenden Jungen. Das bedeutet aber nicht, dass er kein „richtiger Junge“ ist. Aber in den Augen seines Vaters ist er kein „richtiger Junge“.

152 Ich glaube schon, dass der Vater seinen Sohn Anton liebt. Er möchte ja das Beste für ihn – und in seinen Augen ist es das Beste für Anton, wenn er ein „richtiger Bub“ wird. Deshalb schenkt er ihm einen Fußball, ein Skateboard und einen Bumerang. Er hofft nämlich, dass Anton sich dann ändert. Aber am Ende hat er verstanden, dass sein Sohn ganz andere Wünsche hat. Er ist dann ja auch bereit, diese Wünsche zu erfüllen, denn er schenkt ihm doch noch ein Meerschweinchen. *(83 Wörter)*

153 a *Diese elf Sätze musst du unterstrichen haben:*

1. Ich **hab'** dir einen echten Lederfußball **gekauft**. (Z. 2 f.)
2. Ich **hab'** den Ball auf die Nase **gekriegt**, und dann **haben** die Großen **gespielt**, wer den Ball über das Drahtgitter kicken kann, und dann **ist** der Ball in einem Baum **hängen geblieben**, und alle **sind weggegangen**. (Z. 8 ff.)
3. Wir, zu meiner Zeit, wir **haben** so was noch gar nicht **gekannt**. (Z. 14 f.)
4. Ich **bin** in eine Frau mit Einkaufstasche **hineingefahren**, und wir **sind** beide **hingefallen**, und die Eier waren kaputt. (Z. 20 f.)
5. Und dann **bin** ich bei der Fußgängerunterführung die Treppe **hinuntergefallen**, weil ich doch nicht bremsen kann. (Z. 21 f.)
6. Als wir Buben waren, **haben** wir immer von einem Bumerang **geträumt**. (Z. 28 f.)
7. **Hat** es Spaß **gemacht**? (Z. 33)
8. **Ist** nichts **passiert**? (Z. 34)
9. Du **hast** gar nicht **geworfen**, was? (Z. 36)
10. Ich **hab'** dir ein Meerschweinchen **mitgebracht**. (Z. 40)
11. Ich **hab'** ja nur Spaß **gemacht**! (Z. 49)

b *Alle elf Sätze musst du am Rand mit ✓ markiert haben.*

Das Perfekt steht [X] immer in Sätzen, die zur wörtlichen Rede gehören.

154 a Der Vater **hat** Anton einen Fußball **geschenkt**. Am nächsten Tag kommt Anton traurig nach Hause. Die anderen Jungen **haben** ihm seinen Fußball **weggenommen**. Sie **haben** nach ihm **geworfen**. Anton **hat** den Ball auf die Nase **bekommen**. Da **ist** er **weggegangen**.

b Eine Woche später kommt Anton wieder traurig vom Spielen zurück. Er **hat** sich **verletzt**. Er **hat** mit dem neuen Skateboard eine Frau **angefahren**. Da **sind** beide zu Boden **gestürzt**. Anton **ist** mit dem kaputten Skateboard nach Hause **gehumpelt**.

c Mit dem Bumerang **hat** Anton gar nicht **gespielt**. Er **hat** ihn stumm in die Ecke **gelegt**. Da ist sein Vater enttäuscht.

d Am Ende schenkt der Vater ihm doch ein Meerschweinchen. Anton **hat** sein Ziel **erreicht**. Er ist glücklich.

155 Herr Muth hat aus seinem Sohn einen „richtigen Buben" machen wollen. Deshalb hat er ihm eines Tages einen Fußball geschenkt. Aber Anton hat sich nicht darüber gefreut, denn er hat gar keinen Spaß am Fußballspielen gehabt. Er hat sich nämlich viel mehr für Tiere interessiert. Am liebsten sind ihm die Meerschweinchen gewesen. Sein Vater hat auch gewusst, dass er sich seit Langem ein Meerschweinchen gewünscht hat. Doch er hat Anton diesen Wunsch nicht erfüllt. Stattdessen hat er ihm einen Fußball mitgebracht. – Als Anton am Abend vom Fußballspielen nach Hause gekommen ist, hat ihm die Nase geblutet. Da ist der Vater erschrocken gewesen. „Was ist denn passiert?", hat er gefragt. „Der Ball ist mir auf die Nase geflogen", hat Anton gejammert. Da hat der Vater seinen Sohn enttäuscht angeschaut. „Was für ein Junge ist bloß aus dir geworden?", hat er geseufzt.

156 Wenn man eine Geschichte im Perfekt erzählt, führt das dazu, dass **häufig die Hilfsverben „haben" und „sein" vorkommen. Das klingt unschön.**

157 a Herr Muth wollte aus seinem Sohn einen „richtigen Buben" machen. Deshalb schenkte er ihm eines Tages einen Fußball. Aber Anton freute sich nicht darüber, denn er hatte gar keinen Spaß am Fußballspielen. Er interessierte sich nämlich viel mehr für Tiere. Am liebsten waren ihm die Meerschweinchen. Sein Vater wusste auch, dass er sich seit Langem ein Meerschweinchen wünschte. Doch er erfüllte Anton diesen Wunsch nicht. Stattdessen brachte er ihm einen Fußball mit. – Als Anton am Abend vom Fußballspielen nach Hause kam, blutete ihm die Nase. Da war der Vater erschrocken. „Was ist denn passiert?", fragte er. „Der Ball ist mir auf die Nase geflogen", jammerte Anton. Da schaute der Vater seinen Sohn enttäuscht an. „Was für ein Junge ist bloß aus dir geworden?", seufzte er.

b ☒ Der überarbeitete Text klingt deutlich besser.

c Wenn man eine Geschichte erzählt, die in der Vergangenheit spielt, sollte man die Zeitform **Präteritum** verwenden und **nicht** die Zeitform **Perfekt**.

158 *Kurz gesprochen wird der i-Laut in diesen Wörtern:*
sich, mit, ich, herrlichen, richtig, ist, Drahtgitter, kicken, in, sind, wird, Artisten, Figuren, nicht, hinkend, hinter, bin, hineingefahren, hingefallen, hinuntergefallen, damit, anständigen, immer, Indianer, still, nichts, wenigstens, ins, wirst, biss, im, kitzeln, bis, wirklich

159 *Lang gesprochen wird der i-Laut in diesen Wörtern:*

Schreibung mit *ie*	mit *i*	mit *ih*	mit *ieh*
spielen/gespielt, die, gekriegt/kriegst, geblieben, nie, passiert, vielleicht, trainieren, lief, rief, liegen	dir, wir, Bizeps	ihm, ihnen, ihn	–

160

verlieren	liegen	fließen	lieben	mieten
reparieren	wiegen	gießen	schrieben	bieten
markieren	schwiegen	schießen	schieben	rieten
passieren	fliegen	sprießen	sieben	brieten
addieren	biegen	schließen	trieben	verbieten

161

wieder	Sieb	Ringe	hinken
Lieder	lieb	Dinge	winken
nieder	Dieb	Klinge	trinken
Flieder	hieb	Schlinge	sinken
Gefieder	schrieb	bringe	Finken

162

a blies	b beriet	c briet	d geriet
e hielt	f hieß	g riet	h vermied
i rief	j schien	k schlief	l schrieb

163 *Dein Tagebucheintrag könnte so aussehen:*

5. Juni 20…

Papa hat mir heute ein Meerschweinchen mitgebracht. Ich habe mich riesig gefreut. Eigentlich hatte ich schon gar nicht mehr darauf gehofft, dass er mir eines Tages doch noch diesen Wunsch erfüllt. Er will ja, dass ich ein „richtiger Bub" werde. Deshalb hat er mir auch den Fußball geschenkt – und das Skateboard und den Bumerang. Aber am Ende hat er wohl verstanden, dass ich solche wilden Spiele gar nicht mag.
Natürlich ist er auch ein bisschen enttäuscht darüber, dass ich nicht so bin, wie er mich gerne hätte. Doch er muss mich schon so nehmen, wie ich bin! Ich nehme das Meerschweinchen ja auch so, wie es ist! Und es ist sehr niedlich! Was für ein weiches Fell es hat! Und diese kleinen Knopfaugen! Es ist zu schön, wenn es auf meinem Schoß sitzt und Salat frisst!
Vorhin habe ich es wohl erschreckt. Ich habe ihm gesagt, dass es starke Muskeln bekommen muss, damit es später ein „richtiges Meerschweinchen" wird. Wahrscheinlich habe ich ein bisschen zu laut gesprochen. Jedenfalls war es plötzlich ganz verschüchtert und ist weggelaufen. Ich habe es aber wieder beruhigt. Jetzt liegt es friedlich in seinem Käfig und knabbert an einer Möhre. Morgen werde ich den ganzen Nachmittag mit ihm spielen. *(206 Wörter)*

Kapitel 7: Wie Eulenspiegel auf dem Seil tanzte

164 Till Eulenspiegel scheint am Anfang der Schwächere zu sein.

165 Die Bürger, die ihn ausgelacht haben, erleiden eine Niederlage.

166 *Du solltest diese Textstelle unterstrichen haben:*
Als er in der Mitte des Seils angekommen war, knüpfte er die Senkel auf und rief: „Aufgepasst!“ (Z. 45 f.)

167
- a Till Eulenspiegel ist 16 Jahre alt.
- b Er soll einen Beruf ergreifen.
- c Er will lieber Seiltanzen lernen.

168
- a Er hat sein Ziel
  [X] gut erreicht.
- b *Diese Textstellen solltest du unterstrichen haben:*
  […] als Till das Seiltanzen einigermaßen konnte […] (Z. 6)
  […] als Till das Seil betrat und langsam darauf balancierte, ohne herunterzufallen […] (Z. 10 f.)

169

Das Seil muss ergänzt werden. Es sollte über den Fluss führen.

170 Dadurch wird seine Mutter auf ihn aufmerksam.

171
- a Sie schlägt die Hände über dem Kopf zusammen.
- b
- c

Erstaunen, Empörung, Angst, Freude, Stolz, Begeisterung, Wut, Scham, Enttäuschung, Sorge, Überraschung, Ratlosigkeit, Neugierde

172 Seine Mutter hat das Seil durchgeschnitten.

173 ☒ Schadenfreude

174 Er gönnt den Leuten ihren Spaß nicht.
Oder: Er will sich keine Blöße geben.

175 Er will sich rächen.

176 Er will verhindern, dass seine Mutter ihn sieht.

177 Sie denken, dass er wieder hinunterfallen wird.

178 Die Leute sollen ihren linken Schuh ausziehen.

179 „Erst wollten sie nicht recht." (Z. 38)

180 Er schafft es, mit einem Bündel von 120 Schuhen auf dem Seil zu balancieren.

181 Die Leute wollen alle so schnell wie möglich ihren linken Schuh wiederhaben.

182 ☒ Er hat Angst vor Rache.

183 *Er sagt am Schluss:* „Die Ärmste!" (Z. 67)

184 Es wirkt übertrieben, wenn 120 Leute ihre Schuhe ausziehen, um sie Till Eulenspiegel zu geben. Es wirkt genauso übertrieben, wenn es heißt, dass er mit einem Bündel von diesen 120 Schuhen auf dem Seil balanciert. Dass er ein Vierteljahr nicht nach draußen geht, klingt auch wie eine Übertreibung.

185 *Mögliche „Mini-Sätze":*

Subjekt	Prädikat
Der Hund	bellt.
Das Telefon	klingelte.
Der Bus	kommt.
Das Essen	schmeckt.
Anna	nickt.

Subjekt	Prädikat
Der Mond	scheint.
Das Baby	hat geweint.
Der Lehrer	schimpft.
Großvater	schläft.
Das Flugzeug	landet.

186
a Der übermütige Lausejunge | wartete.
b Viele neugierige Leute | sollten zusehen.
c Die kleinen Kinder | eilten herbei.
d Till | wollte balancieren.
e Das Seil | riss entzwei.
f Die Zuschauer | mussten lachen.

187
a Till Eulenspiegel lernte **das Seiltanzen**.
b Er wollte **den Leuten** (1. Objekt) **seine Kunststücke** (2. Objekt) vorführen.
c Die Zuschauer sperrten **Mund und Nase** auf.
d Seine Mutter verpasste **ihrem Sohn** (1. Objekt) **eine gehörige Strafe** (2. Objekt).
e Die Nachbarn und die Kinder freuten sich **über Tills Missgeschick**.
f Till wollte **an den Bürgern** (1. Objekt) **Rache** (2. Objekt) üben.
g Die Bürger sollten **ihre linken Schuhe** ausziehen.
h **Hundertzwanzig Schuhe** band Till zusammen.
i **Mit dem Stiefelberg** (1. Objekt) betrat er **das Seil** (2. Objekt).
j Er ließ **den Stiefelberg** fallen.
k Die Leute suchten **nach ihren Schuhen**.

188
a Seit wann? → Temporaladverbiale
b Wo? → Lokaladverbiale
c Wann? → Temporaladverbiale
d Wo? → Lokaladverbiale
e Wann? → Temporaladverbiale
f Wann? → Temporaladverbiale
g Wo? → Lokaladverbiale
h Wohin? → Lokaladverbiale
i Wann? → Temporaladverbiale

189
a Till | spannte | das Seil | hoch in der Luft.
S P O AL

b Bauern, Bäuerinnen und Kinder | kamen.
S P

c Eulenspiegel | wollte | ihnen | ein Kunststück | vorführen.
S P1 O O P2

d Er | brauchte | die linken Schuhe der Zuschauer.
S P O

e Einer nach dem anderen | zog | seinen linken Stiefel | aus.
S P1 O P2

f Schließlich | hatte | Till | hundertzwanzig linke Schuhe.
AT P S O

g Er | knüpfte | einen Stiefelberg.
S P O

h Er | kletterte | mit dem Stiefelberg | auf das Seil.
S P O AL

i Plötzlich | ließ | er | die Schuhe | auf die Straße | fallen.
AT P1 S O AL P2

j Die Leute | stürzten | sofort | zu den Schuhen.
S P AT AL

k Eine heftige Prügelei | begann.
S P

l Die Suche nach den Schuhen | dauerte | fast zwei Stunden.
S P AT

m Die Bürger | wollten | Till Eulenspiegel | verprügeln.
S P1 O P2

n Till | blieb | ein Vierteljahr lang | im Haus.
S P AT AL

190 a Till Eulenspiegel ging mit seiner Mutter zu einer Kirchweih.
1. Zu einer Kirchweih ging Till Eulenspiegel mit seiner Mutter.
2. Mit seiner Mutter ging Till Eulenspiegel zu einer Kirchweih.

b Er trank dort in kurzer Zeit mehrere Gläser Bier.
1. Dort trank er mehrere Gläser Bier in kurzer Zeit.
2. In kurzer Zeit trank er dort mehrere Gläser Bier.

c Anschließend suchte er für ein Schläfchen einen leeren Bienenkorb.
1. Er suchte anschließend einen leeren Bienenkorb für ein Schläfchen.
2. Für ein Schläfchen suchte er anschließend einen leeren Bienenkorb.

d Gegen Mitternacht kamen zwei freche Diebe.
1. Zwei freche Diebe kamen gegen Mitternacht.

Weitere Umstellprobe nicht möglich!

e Sie wollten einen der Körbe stehlen.
1. Einen der Körbe wollten sie stehlen.
2. Stehlen wollten sie einen der Körbe.

f Nach einer Weile wählten sie den Bienenkorb mit Till.
1. Den Bienenkorb mit Till wählten sie nach einer Weile.
2. Sie wählten nach einer Weile den Bienenkorb mit Till.

g Kurz danach riss Till den Vordermann am Haar.
1. Till riss den Vordermann kurz danach am Haar.
2. Am Haar riss Till den Vordermann kurz danach.

h Der hielt seinen Diebespartner für den Übeltäter.
1. Für den Übeltäter hielt der seinen Diebespartner.
2. Seinen Diebespartner hielt der für den Übeltäter.

i Sofort überhäufte er ihn mit groben Flüchen.
1. Er überhäufte ihn sofort mit groben Flüchen.
2. Mit groben Flüchen überhäufte er ihn sofort.

191 a Till Eulenspiegel sollte einen Beruf ergreifen.
b Er wollte aber lieber Seiltanzen lernen.
c Eines Tages spannte er ein Seil über den Fluss.
d Dann kletterte er zum Bodenfenster hinaus.
e Er begann zu balancieren.
f Die Nachbarn versammelten sich an beiden Ufern.
g Sie dachten, Till würde herunterfallen.
h Als Tills Mutter sah, was ihr Sohn machte, ging sie schnell zum Dachboden hinauf.
i Sie schnappte sich ein Küchenmesser und schnitt das Seil durch.
j Till fiel aus allen Wolken.
k Nun musste er in der Saale baden.
l Die Zuschauer fanden das lustig.
m Im Stillen nahm Till sich vor, es den Bürgern heimzuzahlen.
n Das schaffte er gleich am nächsten Tag.

192 Festtag, brüllend, Hammer, Rolle, stemmen, Mundddusche, Kissen, Bartträger, Ebbe, Pfanne, Rohrreiniger, Bettlaken, Kummer, Weggefährte, Messer, Stimme, wimmern, verrückt, Staubbeutel, Kittel, wetten, naturrein, fallen, Henne, Hochhaus, Sparflamme, Sonne, knarren, Klappe, wissen, Brotteig, Spinne, Futter, Masse, küssen, Tierreich, Bagger, Dorffest, Wetter, Kreissäge, essen, Preissenkung, Ratte, Alltag, Affe, Lasttier, knurren, verraten, Bestellung, Vorrat, Rennfahrer, Korbblütler, Spottpreis, Butterdose, straffrei, Tonfall, Wilddieb

193 Fest + Tag, Mund + Dusche; Bart + Träger, Rohr + Reiniger, Weg + Gefährte, ver + rückt, Staub + Beutel, Natur + rein, hoch + Haus, Brot + Teig, Tier + Reich, Dorf + Fest, Kreis + Säge, Preis + Senkung, Last + Tier, ver + raten, vor + Rat, Korb + Blütler, Straf(e) + frei, Wild + Dieb

194 *Dein Text könnte so lauten:*

Hast du schon gehört? Gestern gab es in der Uferstraße eine Massenprügelei. 120 Leute waren in die Prügelei verwickelt. Fast zwei Stunden schlugen sie aufeinander ein.

Das Ganze fing damit an, dass Till Eulenspiegel, der stadtbekannte Tunichtgut, heimlich Seiltanzen lernte, anstatt einen Beruf zu ergreifen. Vorgestern wollte er zeigen, dass er es konnte: Er spannte zwischen zwei Häusern ein Seil über die Saale, kletterte zur Dachluke hinaus und begann zu balancieren.

Du kannst dir sicher vorstellen, dass nach und nach immer mehr Leute aus ihren Häusern gelaufen kamen, um ihm dabei zuzuschauen. Na, und da wurde schließlich auch seine Mutter aufmerksam. Als sie sah, was Till machte, nahm sie ihr Küchenmesser und schnitt das Seil einfach durch. Da fiel Till in die Saale und wurde klitschnass. Das sah vielleicht komisch aus! Wir waren natürlich ganz schön schadenfroh und lachten ihn aus. Aber das hätten wir besser bleiben lassen sollen. Denn hinterher hat er es uns richtig heimgezahlt.

Gestern Morgen spannte er wieder ein Seil zwischen zwei Häusern, aber diesmal so, dass seine Mutter nichts davon mitbekam. Wir grinsten schon und lachten uns ins Fäustchen, weil wir dachten, er würde wieder herunterfallen. Niemand ahnte, was er vorhatte. Er forderte alle auf, ihm ihren linken Schuh zu geben; angeblich wollte er ein Kunststück vorführen. Erst wollten die meisten nicht so recht, aber dann rückten sie doch alle ihren linken Schuh heraus. Zum Glück stand ich ziemlich weit hinten und habe nicht mitgemacht.

Till griff sich daraufhin alle Schuhe und schnürte sie zu einem Bündel zusammen, dann stieg er damit auf sein Seil. Als er ein paar Meter balanciert war, rief er plötzlich: „Aufgepasst!" Und dann warf er die Schuhe einfach auf die Straße. Die Leute verstanden sofort, dass er sie bloß hereingelegt hatte, statt ihnen ein Kunststück vorzuführen, und stürzten sich sogleich auf das Schuhbündel, um nur ja ihren linken Schuh wiederzubekommen. So kam es schließlich zu der Prügelei. *(317 Wörter)*

Kapitel 8: Ist ja auch nichts für ein Mädchen

195 *In der Geschichte geht es zwar auch darum, dass jemand, der am Anfang als der Stärkere erscheint, am Ende eine Niederlage erleidet; und derjenige, der am Anfang als der Schwächere erscheint, ist am Ende der Sieger. Aber* die Handlung ist nicht so erzählt, dass es zu einem Schwank passt. Es fehlen z. B. die Übertreibungen. Auch geht die Geschichte nicht so aus, dass am Ende der Schwächere lacht. Der Leser wird eher nachdenklich.

196 Es wird häufig wörtliche Rede verwendet. Die Worte, die gesprochen werden, wirken sehr natürlich – so, wie Jungen und Mädchen tatsächlich sprechen.

197
- a Jürgen springt über einen Zaun, Anke **springt ihm nach**.
- b Jürgen legt einen Stock über die Zaunpfähle. Er glaubt, dass **Anke es jetzt nicht mehr schaffen wird, hinüberzuspringen**. Aber Anke **schafft es doch**.
- c Jürgen und Anke rennen um die Wette. Anke **ist schneller**. Da ist Jürgen **sauer**.
- d Jürgen meint, dass Anke ihn in einem Ringkampf **nicht besiegen kann**.
- e Anke will **es aber versuchen**.
- f In dem Ringkampf **ist Anke die Stärkere**.
- g Jürgen will nicht zugeben, dass **er der Unterlegene ist**.
- h Da wird Anke **wütend**.

198

Das passiert:	Das sagt Jürgen:
Jürgen springt über den Zaun. Anke springt ihm nach.	„Prima!" (Z. 3)
Er legt einen Stock über die Zaunpfähle.	„Aber jetzt kommst du nicht mehr drüber." (Z. 3 f.) Und: „Das ist zu hoch für dich." (Z. 7)
Sie springen beide. Anke schafft es, hinüberzuspringen.	„Na ja." (Z. 9)
Sie rennen los. Anke ist schneller.	„Für'n Mädchen bist du ganz gut." (Z. 18)
Anke besiegt Jürgen im Ringkampf. Sie kniet auf ihm und ruft: „Beide Schulterblätter auf der Erde!"	„Lass mich los!" Und: „Hörst du – du sollst mich loslassen!" (Z. 45)

Anke sagt: „Ich hab' aber gewonnen. Gibst du's zu?“	„Gar nichts geb' ich zu.“ (Z. 48)
Anke sagt: „Ich hab' gesiegt! Ich bin stärker als du.“	„Ich würd' den Mund halten.“ Und: „Oder findest du das toll für'n Mädchen?“ (Z. 50 f.) Und: „Du willst doch wohl nicht Boxer werden oder Preisringer.“ (Z. 53 f.)

199
- Er stößt ihr sein Bein in die Kniekehlen. (vgl. Z. 35)
- Er kitzelt Anke. (vgl. Z. 38)

200 „Da kriegte Anke Wut.“ (Z. 39)

201 Sie meint, dass er nicht wirklich stark ist, sondern sich nur so darstellt.

202 **a** ☒ Nein, sie weiß nicht genau, ob sie die Stärkere ist.

b *Du musst diese Textstelle unterstrichen haben:*
„Als sie unter seinem Arm durchgriff, spürte sie, dass sie stärker war.“ (Z. 39 f.)

203 Ihm ist eine Idee gekommen, wie er Ankes Sieg als etwas Schlechtes darstellen kann.

204 **a** ☒ Nein, er hat seine Meinung nicht geändert.

b *Begründung:* Er hat sie immer gemocht. Es hat ihn nur geärgert, dass sie ihn im Ringkampf besiegt hat. Dadurch hat er sich in seiner Ehre gekränkt gefühlt. Aus diesem Grund hat er versucht, Ankes Sieg als etwas Schlechtes darzustellen. Er glaubt, dass er seine Niederlage so wettmachen kann. Als er merkt, dass er Anke mit seinen Worten verletzt hat, tut es ihm leid.

205 Jürgen ist derjenige, der diese Worte spricht. Er meint damit, dass es nicht zu einem Mädchen passt, wenn sie sich mit einem Jungen einen Ringkampf liefert. Ich finde Ankes Verhalten aber richtig. Sie ist offensichtlich ein sportliches und kräftiges Mädchen. Und dass Kinder miteinander raufen, ist eigentlich normal. Warum also sollte Anke nicht mit Jürgen ihre Kräfte messen? Er hat sie ja auch provoziert. Da ist es verständlich, dass sie mit ihm ringt.

206

a Elend
b Esel
c aber/Eber/Ober/**über**
d Opa
e Idee
f ade/**öde**/**Ode**
g Urin
h Ufer
i oben/eben/**üben**
j Atem
k Igel/Egel
l egal

207

WAN-	WEN-	WIN-
Wandel, wandeln, wandern, wanken, Wanne, Wanze	Wende, wenden (umdrehen), Wender	Winde, Windel, windeln, winden (z. B. einen Kranz), Winkel, winken, Winter, Winzer, winzig
WON-	**WUN-**	**WAL-**
Wonne, wonnig	Wunde, Wunder, (sich) wundern	walken (verfilzen), wallen, walten (tätig sein), Walter, Walze, walzen, Walzer
WEL-	**WIL-**	**WOL-**
welken, Welle, (sich) wellen, wellig, Welten	Wilde, Wilder, wildern, Wille, willig	Wolke, Wolle, wollen, wollig

208

a Holz|span
b Wet|ter|la|ge
c Schul|ter|blät|ter
d Erd|bee|re
e Un|ter|richt
f Klas|sen|kas|se
g Su|per|star
h Preis|rin|ger
i Fuß|ball|ver|ein
j Rei|se|bü|ro
k Knie|keh|len
l Haus|auf|ga|ben
m Mut|pro|be
n Spiel|wie|se
o Som|mer|fe|ri|en
p na|tür|lich
q Gar|ten|zaun
r Mus|kel|tan|te

209

Perfekt	Plusquamperfekt
Jürgen ist über den Zaun gesprungen.	Jürgen **war** über den Zaun **gesprungen**.
Anke hat das auch geschafft.	Anke **hatte** das auch **geschafft**.
Die beiden haben sich gepackt.	Die beiden **hatten** sich **gepackt**.
Jürgen hat Anke gekitzelt.	Jürgen **hatte** Anke **gekitzelt**.
Anke hat sich darüber geärgert.	Anke **hatte** sich darüber **geärgert**.
Sie hat Jürgen besiegt.	Sie **hatte** Jürgen **besiegt**.
Er hat sie verspottet.	Er **hatte** sie **verspottet**.
Anke ist wütend weggegangen.	Anke **war** wütend **weggegangen**.

			Perfekt	Plusquamperfekt
210	a	Tom hatte seine Oma besucht.	☐	☒
	b	Die Klasse 5a hat ein Stück einstudiert.	☒	☐
	c	Sie ist ins Kino gegangen.	☒	☐
	d	Er war wieder einmal zu spät gekommen.	☐	☒
	e	Er hatte sein Geld vergessen.	☐	☒
	f	Der Bus hat Verspätung gehabt.	☒	☐
	g	Die Mutter war einkaufen gewesen.	☐	☒

			Präteritum	Plusquamperfekt
211	a	Meine Eltern waren in London.	☒	☐
	b	Sie hatten die Stadt noch nie zuvor gesehen.	☐	☒
	c	Das Wetter dort war nicht gut.	☒	☐
	d	Das war aber nicht unerwartet für sie.	☒	☐
	e	Sie hatten schon vom Wetter in England gehört.	☐	☒
	f	Bei Regen waren sie ins Museum gegangen.	☐	☒
	g	So hatten sie die Zeit gut genutzt.	☐	☒
	h	Gestern waren sie wieder hier in Deutschland.	☒	☐
	i	Sie waren von ihrer Reise begeistert.	☒	☐

212
- a Nachdem Jürgen über den Zaun gesprungen war, sprang Anke ihm nach.
- b Nachdem Anke es auch über die Pfähle geschafft hatte, war Jürgen ein wenig beeindruckt.
- c Nachdem sie um die Wette gerannt waren, schnappten sie nach Luft.
- d Nachdem Jürgen von einem Ringkampf gesprochen hatte, war Anke einverstanden.
- e Nachdem er sie ein paar Mal gekitzelt hatte, ärgerte Anke sich.
- f Nachdem sie Jürgen besiegt hatte, verspottete er sie als „Muskeltante“.

213
- a In der Schule lernen die Schüler viele Fächer: Deutsch, Englisch, Mathematik, Erdkunde, Biologie, Sport, Musik <u>und</u> Kunst.
- b Auch der Nachmittag ist nicht immer frei von Pflichten: Hausaufgaben sind zu erledigen, das Zimmer ist aufzuräumen <u>oder</u> Geschirr muss abgewaschen werden.

c Aber oft gibt es auch Zeit für angenehme Dinge: Man kann mit Freunden telefonieren, im Internet surfen, mit dem Hund spazieren gehen oder ganz einfach faulenzen.

d Am schönsten ist natürlich das Wochenende: Man kann lange schlafen, Freunde treffen, ins Kino gehen oder einen Schaufensterbummel machen.

e Leider ist das Wochenende meist kurz und am Montag beginnt eine neue Arbeitswoche: Der Wecker klingelt, man muss früh aufstehen, muss zur Schule gehen und am Nachmittag seine Pflichten erledigen.

214

Wörter mit Dehnungs-h	Wörter mit h am Anfang einer Silbe
ihm	(sich) aus|ru|hen
mehr	ü|ber|haupt (Getrennt werden darf das Wort aber nur zwischen der 2. und der 3. Silbe.)
Pfäh|le	ge|hen
ihn	nach|her
ihr, ih|ren, ih|re	weh (von we|he)
Knie|keh|len	zie|hen
wohl	(sich) um|dre|hen
Jahr|markt	wo|hin

215 *Auswahl von Wörtern mit lang gesprochenen Vokalen und ohne Dehnungs-h:* war, über, den, nach, prima, sagte, aber, du, drüber, gelegt, zu, für, los, Gras, Mädchen, gut, wir, Plüschtiger, Mal, Wut, lag, kam, schlagen, mag, Tränen

216 Sehr geehrter Herr Schwarz,

im Namen der Klasse 5c schreibe ich **Ihnen** diesen Brief. Wie **Sie** gestern sagten, wollen **Sie** uns morgen eine Mathearbeit schreiben lassen. Die meisten Schüler haben aber die Aufgaben noch nicht verstanden. Können **Sie** uns nicht noch einmal erklären, wie man **sie** richtig löst? Wir wären **Ihnen** sehr dankbar, wenn **Sie** die Arbeit um eine Woche verschieben könnten. Viele Schüler haben einfach Angst davor, dass **sie** sonst eine Fünf schreiben würden. Das könnte **ihnen** die Mathenote im nächsten Zeugnis verderben. Und **Ihnen** würde es bestimmt auch nicht gefallen, wenn die Arbeit schlecht ausfiele. Denken **Sie** bitte noch einmal darüber nach, ob **Sie** den Termin nicht verlegen können.

Mit freundlichen Grüßen
Ingo Redlich
(Klassensprecher der 5c)

217 *So könnte dein Brief aussehen:*

(Ort), den *(Datum)*

Liebe Anke,

es tut mir leid, dass ich dich heute verletzt habe. Ich weiß, dass ich gemein zu dir war, und ich wünschte, ich hätte mich anders verhalten.
Eigentlich wollte ich dich ja gar nicht ärgern. Dass es doch so gekommen ist, lag nur an diesem dummen Ringkampf. Wenn ich ehrlich bin: Es hat mich schon gewurmt, dass du stärker warst als ich. Für einen Jungen ist es ganz schön hart, wenn er merkt, dass ein Mädchen mehr Kraft hat als er. Irgendwie hat mir das richtig zu schaffen gemacht. Und da habe ich dir eben einfach gesagt, dass starke Mädchen bei Jungen nicht beliebt sind. Ich wollte dir damit bloß eins auswischen. Genau genommen war es Rache.
Ich habe natürlich gemerkt, dass ich dir damit wehgetan habe. Glaub mir: Das wollte ich nicht. Und eigentlich stimmt es auch gar nicht, dass Jungen starke Mädchen nicht mögen – im Gegenteil! Schwache Püppchen, die nichts können und immer Hilfe brauchen oder beschützt werden wollen, gefallen mir gar nicht, wenn ich ehrlich bin. Was soll ich mit denen anfangen?
Mit dir bin ich gern zusammen. Du machst alles mit und hast vor nichts Angst. Das finde ich toll. Es macht immer Spaß, mit dir zusammen zu sein.
Jetzt hoffe ich nur, dass du mir noch einmal verzeihst. Denn ich fände es sehr schade, wenn du künftig nicht mehr mit mir spielen würdest. Ich mag dich nämlich wirklich gern!

Viele Grüße
Dein Jürgen *(239 Wörter)*

Kapitel 9: Die Kinder zu Hameln

218 a Hameln
b 26. Juni 1284, morgens um 7 Uhr

219 a Ein Kindermädchen sagt, dass die Kinder **mit dem Rattenfänger in einem Berg verschwunden sind**.
b Einige Bürger sagen, dass zwei Kinder **sich verspätet haben und wieder zurückgekommen sind**.
c Einige Menschen sagen, dass die Kinder **in eine Höhle geführt wurden und in Siebenbürgen wieder herauskamen**.

220 *Diese Merkmale müssen die ausgemalten Bilder enthalten:*
Bei seinem ersten Besuch trägt der Rattenfänger **sehr bunte Kleidung**.
Bei seinem zweiten Besuch ist er wie ein Jäger gekleidet (also **grün**), und er trägt einen **roten Hut**.

221 Seine Kleidung ist seltsam.

222 Er verspricht ihnen, dass er **die Stadt von Ratten und Mäusen befreien wird**, wenn sie ihm dafür **Geld geben**.

223		stimmt	stimmt nicht
a	Sie wissen, dass er sein Versprechen halten kann.	☐	☒
b	Sie hoffen, dass er sein Versprechen halten wird.	☒	☐
c	Sie glauben nicht, dass er sein Versprechen halten wird.	☒	☐

Dass sie kein großes Vertrauen in seine Fähigkeiten haben, zeigt die Formulierung „sich für einen Rattenfänger ausgab“ (Z. 2 f.). Damit drückt der Erzähler aus, dass der Fremdling das (nur) behauptet hat. Außerdem wird er als „wunderlich“ bezeichnet. Wenn die Bürger trotzdem den Handel mit ihm eingehen, dann wohl nur deshalb, weil sie nichts unversucht lassen wollen.

224 Er benutzt eine Pfeife.

225 Er bringt die Ratten und Mäuse zur Weser, wo sie ertrinken.

226 Es gab viele Ratten und Mäuse in der Stadt; die Bürger haben darunter gelitten.

227 Sie haben den Rattenfänger …
☒ betrogen.

228 Er empfindet **Zorn** und **Erbitterung**.

229 Er bringt sie zu einem Berg und verschwindet mit ihnen darin.

230 Das jüngste Kind ist <u>*drei*</u> / *vier* / *fünf* Jahre alt.

231 ☒ Es ist älter als 15 Jahre.

232 ☒ vier Kinder

Es handelt sich um das Kind auf dem Arm des Kindermädchens, um das blinde Kind, um das stumme Kind und um den Knaben, der seine Jacke vergessen hat.

233 Ein Kind ist stumm; deshalb kann es nicht sagen, wohin der Rattenfänger die Kinder gebracht hat. Ein Kind ist blind; deshalb hat es nicht gesehen, wohin der Rattenfänger die Kinder gebracht hat.

234
- Sie laufen vor die Tore der Stadt.
- Sie suchen die Kinder überall.
- Die Mütter schreien und weinen.
- Sie schicken Boten aus.

235 Er will sich an den Bürgern rächen.

236
- Auf dem Berg sind zwei steinerne Kreuze aufgerichtet worden.
- Sie haben die Geschichte ins Stadtbuch eintragen lassen.
- Ein Bürgermeister hat die Geschichte in den Kirchenfenstern abbilden lassen.

237 *Die Mahnung könnte so lauten:*
Man sollte niemanden um seinen verdienten Lohn bringen, sonst kann es passieren, dass er sich bitter dafür rächt.

238 *Allgemeine Aussage:* Ich finde das Verhalten des Rattenfängers zwar verständlich, aber seine Rache erscheint mir doch übertrieben.
Begründung: Es ist zwar nicht richtig gewesen, dass die Bürger ihn um den verdienten Lohn betrogen haben. Aber dass er sich auf diese Weise gerächt hat, ist nicht in Ordnung. Schließlich können die Kinder nichts dafür, dass die Eltern sich falsch verhalten haben. Er hätte sich etwas anderes überlegen sollen, um den Eltern einen Schaden zuzufügen. Er hat sich an Unschuldigen gerächt – und das ist falsch. *(80 Wörter)*

239 Im Jahr 1284 kam ~~er~~ nach Hameln. Er hatte ~~ihn~~ an und gab sich für einen Rattenfänger aus. Er versprach, ~~sie~~ von ~~ihnen~~ zu befreien; zum Dank dafür wollte er ~~es~~ von ihnen bekommen. ~~Sie~~ wurden mit ihm einig und versicherten ihm ~~sie~~. Danach zog er ~~es~~ heraus und pfiff. Es dauerte nicht lange, da kamen ~~sie~~ aus ~~ihnen~~ hervorgekrochen und sammelten sich um ihn herum. Als er nun meinte, nicht ~~sie~~ wäre zurückgeblieben, ging er zur Stadt hinaus, und ~~er~~ folgte ihm. So führte er ~~sie~~ zur Weser. Dort band er ~~sie~~ hoch und trat in den Fluss. Darauf folgten ~~sie~~ ihm und ertranken.

Im Jahr 1284 kam **ein wunderlicher Mann** nach Hameln. Er hatte **einen bunten Rock** an und gab sich für einen Rattenfänger aus. Er versprach, **die Bürger der Stadt** von **den Ratten und Mäusen** zu befreien; zum Dank dafür wollte er **Geld** von ihnen bekommen. **Die Bürger** wurden mit ihm einig und versicherten ihm **eine bestimmte Summe**. Danach zog er **ein Pfeifchen** heraus und pfiff. Es dauerte nicht lange, da kamen **die Ratten und Mäuse** aus **den Häusern** hervorgekrochen und sammelten sich um ihn herum. Als er nun meinte, nicht **eine Ratte** wäre zurückgeblieben, ging er zur Stadt hinaus, und **der ganze Haufen** folgte ihm. So führte er **die Tiere** zur Weser. Dort band er **seine Kleider** hoch und trat in den Fluss. Darauf folgten ihm **alle Ratten und Mäuse** und ertranken.

240
- seine Kleider (Z. 10): die Kleider des Rattenfängers
- ihrer Plage (Z. 13): die Plage der Hamelner Bürger
- seine Pfeife (Z. 19): die Pfeife des Rattenfängers
- ihre Kinder (Z. 28): die Kinder der Hamelner Bürger / Eltern
- seine Jacke (Z. 37): die Jacke eines kleinen Jungen
- ihr Stadtbuch (Z. 50): das Stadtbuch der Hamelner Bürger

241 Gemeint ist die „stille Straße". Das ist die Straße, durch die der Rattenfänger die Kinder zur Stadt hinausgeführt hat. Lange Zeit mussten dort alle still sein.

242 Ein seltsamer Mann kam eines Tages in die Stadt Hameln; **das** erstaunte die Bürger. Er war seltsam gekleidet; schon **das** machte ihn auffällig. Als er sagte, er könne die Stadt von Ratten und Mäusen befreien, konnten die Bürger **das** zwar nicht glauben. Aber sie stimmten doch zu und wollten ihm eine bestimmte Summe Geld geben, falls es ihm gelingen sollte, sein Versprechen wahr zu machen. Daraufhin holte er eine Pfeife heraus. Als er hineinblies, lockte **das** alle Ratten und Mäuse aus den Häusern. Nachdem die Plagegeister in der Weser ertrunken waren, wollte der Rattenfänger seinen Lohn bekommen. Doch die Bürger zahlten ihm nichts. **Das** machte den Rattenfänger zornig.

243 a Die Straße, **durch die der Rattenfänger die Kinder zum Tor hinausgeführt hatte**, wurde später die „stille Straße" genannt.
b Alle Menschen, **die hier entlanggingen**, mussten schweigen.
c Sogar eine Hochzeitsgesellschaft, **die durch diese Straße kam**, musste still sein.
d Der Berg, **in dem die Kinder verschwanden**, heißt „Puppenberg".
e Von den Kindern, **die entführt wurden**, hat man nie wieder etwas gehört.

244 a Die Bürger Hamelns, **die sehr misstrauisch waren**, zweifelten an den Fähigkeiten des Fremden.
b Doch der Mann, **der sich als Rattenfänger ausgab**, konnte seine Ankündigung tatsächlich wahr machen.
c Die Bürger, **die undankbar und geizig waren**, verweigerten dem Fremdling die Belohnung.
d Da wurde der Rattenfänger, **der sich um seine Belohnung betrogen fühlte**, zornig.
e So kam er am nächsten Tag nach Hameln zurück und entführte die Kinder, **die ihm wie Ratten und Mäuse hinterherliefen.**

245

stimmhafter s-Laut	stimmloser s-Laut nach kurzem Vokal	stimmloser s-Laut nach langem Vokal/Vokalpaar
Musik	Fluss	ließ
reisen	müssen	Fuß
Esel	Gasse	dreißig
Besen	wissen	heißen
Rasen	Klasse	fleißig
besiegen	Hass	weiß
weise	Tasse	Straße

246 Gast, (der Hund) frisst, (ihr) müsst, Weste, Kasse, Muster, lästig, leise, Wüste, besser, Nase, Bast, anfassen, Kissen, Rest, fasten, Fest, Blässe, Mast, Kasten, (ich) wusste, lustig

247 *Mögliche Sätze:*

- a Der Lehrer kündigte an, dass **die Klasse nächste Woche ins Museum gehen werde**.
- b Die Schüler dachten, dass **sie lieber ins Kino gehen würden**.
- c Einige Kinder wünschen sich, dass **ihnen ihre Eltern mehr Freiheit lassen**.
- d Die Verkäuferin sagte, dass **das Sonderangebot schon ausverkauft sei**.
- e Der Busfahrer erklärte, dass **er nicht bis zur Endstation fahre**.
- f Die Reisenden erfuhren, dass **der Zug zehn Minuten Verspätung hatte**.
- g Die Katze hörte, dass **im Gebüsch etwas raschelte**.
- h Ich finde, dass **ich schon viel geübt habe**.
- i Wir haben gelernt, dass **der Buchstabe ß immer noch verwendet wird**.
- j Es ist nicht nötig, dass **du mich zur Tür begleitest**.

248 a/b *Das Cluster könnte so aussehen:*

c *Mögliche Handlung:*

- ▶ Konflikt mit der Lehrerin: Robert hat im Zeugnis eine Drei in Deutsch bekommen, Katharina eine Zwei. Die Arbeiten von Katharina waren aber nicht besser als die von Robert (im Durchschnitt 2–3).
- ▶ Begründung der Lehrerin: Katharina hat im Unterricht immer gut mitgearbeitet, Robert weniger.
- ▶ Robert findet das ungerecht. Er glaubt, dass er sich im letzten Halbjahr viel Mühe gegeben hat, immer aufmerksam war, sich regelmäßig gemeldet hat, immer seine Hausaufgaben gemacht hat usw.
- ▶ Robert äußert seinen Unmut.
- ▶ Katharina schweigt.
- ▶ Lehrerin bleibt bei ihrer Meinung.
- ▶ Mitschüler stehen Robert bei, sagen, er habe wirklich gut gearbeitet.

- Lehrerin bleibt hart, sagt, dass Robert häufig den Unterricht gestört habe.
- Fragen von Mitschülern: Geht es um die Mitarbeit oder um braves Verhalten?
- Lehrerin ist etwas verunsichert, sieht ein, dass ihre Bewertung vielleicht nicht ganz richtig war, sagt aber, Zeugnis könne nicht mehr geändert werden.
- Robert enttäuscht.

d *Die Geschichte könnte so aussehen:*

Das war ungerecht!

Robert war enttäuscht. Auf dem Zeugnis stand beim Fach Deutsch die Note Drei. Katharina, die Streberin, hatte natürlich wie immer ihre Zwei. Dabei hatte er sich im letzten Halbjahr so viel Mühe gegeben. Hatte er nicht sogar einen Vortrag über „Harry Potter" gehalten?

Er beschwerte sich bei der Lehrerin. „Wieso habe ich in Deutsch bloß eine Drei? Ich hatte doch fast in allen Aufsätzen eine Zwei! Waren Katharinas Arbeiten denn besser?"

Frau Bullerhaupt runzelte die Stirn. Sie blätterte in ihrem Notenheft und sagte schließlich: „Nein, das nicht. Aber deine Mitarbeit war nicht so gut. Das zählt ja auch."

„Das verstehe ich nicht", murrte Robert. „Ich finde, ich habe immer gut mitgearbeitet!"

Plötzlich bekam er Unterstützung von zwei Mitschülern. „Robert hat recht", meinte Uli. Und Kemal fügte hinzu: „Er hat sogar besser mitgemacht als Katharina!"

Aber Frau Bullerhaupt blieb hart. Sie meinte, dass Robert ja auch oft im Unterricht gestört habe. Dafür könne er keine gute Note bekommen.

Katharina saß nur da und sagte nichts. Aber Uli legte noch mal nach: „Sind die Noten etwa eine Belohnung fürs Bravsein?", fragte er.

Allmählich wurde die Lehrerin doch etwas unsicher. „Natürlich nicht", gab sie zu. Doch sie wollte Roberts Note trotzdem nicht ändern. „Das geht jetzt nicht mehr", erklärte sie.

„Das ist ja wohl total ungerecht!", dachte Robert. Immerhin waren Uli und Kemal auf seiner Seite. Das nützte ihm zwar jetzt nichts mehr. Aber vielleicht half es für das nächste Zeugnis …

(242 Wörter)

Kapitel 10: Smartphones – mehr als schlaue Telefone

249 Bei dem Text „Smartphones – mehr als schlaue Telefone“ handelt es sich um **einen Sachtext**.

250 Der Leser bekommt Informationen über etwas, das es tatsächlich gibt: das Smartphone. Es wird gesagt, dass viele Kinder und Jugendliche ein Smartphone besitzen und wie sie damit umgehen. Auch über mögliche Gefahren wird der Leser informiert. Das geschieht in einer ganz normalen Sprache; es gibt z. B. keine kunstvollen Reime im Text.

251 In dem Text geht es darum, …

☒ wie Smartphones unseren Alltag verändern.

252 schlaues Telefon

253 *Mögliche Beispiele:*
fotografieren, Videoaufnahmen machen, im Internet surfen

254

Zwischenüberschriften	Textabschnitt
Gefahren im Umgang mit dem Smartphone	E
Risiken aus dem Weg gehen	F
Smartphones als kleine Computer	A
Warum Kinder Smartphones bekommen	C
Wichtiges Statussymbol	B
Wie Kinder Smartphones nutzen	D

255
- Die Eltern machen sich dann weniger Sorgen um ihre Kinder, weil sie sie ständig erreichen können.
- Es erleichtert den Alltag für die Familie, wenn sich die Familienmitglieder Kurznachrichten senden können.

256 ☒ Sie spielen damit Spiele.

257 Man kann seine Kontakte auch von unterwegs aus pflegen, z. B. im Bus.

258 ☒ Sie erschließen sich die verschiedenen Funktionen durch Ausprobieren.

259
- Hacker beschaffen sich Zugang zum Gerät und infizieren es mit einem Virus oder greifen persönliche Daten ab.
- Der Besitzer wird auf seinen Wegen von anderen beobachtet und verfolgt.
- Man lädt sich aus Versehen eine kostenpflichtige App herunter.
- Das Smartphone geht verloren oder wird gestohlen.

260 Es kann sein, dass er viel damit telefoniert und im Internet große Mengen an Daten herunterlädt. Die Gebühren dafür muss dann der eigentliche Besitzer bezahlen.

261

Man sollte …	So kann man verhindern, dass …
die Ortungsfunktion ausschalten.	jemand sich problemlos in den eigenen Account einloggen kann.
darauf achten, dass Apps auch wirklich kostenfrei sind.	man für die Dienste, die ein Unbefugter nutzt, bezahlen muss.
nach dem Verlust des Smartphones den Anschluss sperren lassen.	diese Daten missbraucht werden.
die Eltern über verdächtige Inhalte informieren.	man ungewollt für einen Dienst bezahlen muss.
im Internet nicht zu viele persönliche Daten preisgeben.	andere verfolgen können, welche Wege man nimmt.
sich ein gutes Passwort überlegen, ohne es abzuspeichern.	man etwas Schlimmes ansehen muss oder Ärger bekommt.

262
a *Normal:* Ein Begleiter ist eine Person, die zusammen mit einer anderen einen gemeinsamen Weg zurücklegt oder etwas mit ihr unternimmt.
Bildlich: Ein Smartphone ist wie ein Freund, den man überallhin mitnimmt.

b *Normal:* Wenn man schießt, dann verwendet man eine Waffe, um einen Feind möglichst schnell kampfunfähig zu machen oder zu töten.
Bildlich: Wer ein Foto schießt, will ganz schnell ein Bild, das ihm vor Augen gekommen ist, zur Erinnerung festhalten.

c *Normal:* Was weich ist, lässt sich leicht bearbeiten; es leistet keinen Widerstand.
Bildlich: Eltern, die weich sind, geben nach, wenn ihre Kinder etwas wollen.

263 a unerwartete Kosten, gegen die man sich nicht wehren kann
b Dieb (er macht beim Stehlen „lange Finger“)

264

Präsens	Präteritum
ich rede	ich redete
du redest	du redetest
er (sie, es) redet	er (sie, es) redete
wir reden	wir redeten
ihr redet	ihr redetet
sie reden	sie redeten

265

Präsens	Präteritum
ich surfe	ich surfte
du surfst	du surftest
er (sie, es) surft	er (sie, es) surfte
wir surfen	wir surften
ihr surft	ihr surftet
sie surfen	sie surften

266 *Das finite Verb ist doppelt unterstrichen:*
a Mobiltelefone sind für viele Kinder zu ständigen Begleitern geworden.
b Viele Eltern wollen das sogar unterstützen.
c Sie möchten ihre Kinder nämlich ständig erreichen können.
d Und die Kinder sollen sich auch jederzeit bei ihnen melden können.
e Das alltägliche Leben lässt sich so leichter regeln.
f Vergessene Einkäufe können dann immer schnell erledigt werden.
g Die Eltern senden ihrem Kind einfach eine Kurznachricht.

267 *Mögliche Sätze:*
a Viele Kinder **wollen** ein Smartphone besitzen.
b Mit dem Smartphone **können** sie sich Spiele aus dem Internet herunterladen.
c Einige Kinder **müssen** die Gebühren von ihrem Taschengeld bezahlen.

268 a Viele Schüler wollen am liebsten ein Smartphone besitzen.
Ein Schüler **will** am liebsten ein Smartphone besitzen.

b Das Smartphone ist für manche Kinder ein Statussymbol geworden.
Smartphones **sind** für manche Kinder ein Statussymbol geworden.

c Ein Schüler ohne Smartphone kann leicht zum Außenseiter werden.
Schüler ohne Smartphone **können** leicht zum Außenseiter werden.

269 a Viele Eltern kaufen ihrem Kind ein Smartphone, weil sie ständig mit ihm Kontakt halten wollen.

b Es erleichtert den Alltag, wenn sich die Familienmitglieder jederzeit kontaktieren können.

c Falls jemand etwas vergessen hat, bittet er andere per Kurznachricht einfach um Hilfe.

d Und die Mutter wird ihren Sohn vielleicht daran erinnern, dass er noch Brot kaufen muss.

e Wer einen ungünstigen Tarif gebucht hat, muss hohe Gebühren zahlen.

f Man kann sich auch leicht verschulden, wenn man kostenpflichte Apps herunterlädt.

g Wer vorsichtig ist, wird aber keine Probleme bekommen.

270 Action, Blazer, Bowling, Bungalow, chatten, Cheerleader, City, clever, Clown, Couch, Curry, Cursor, Date, downloaden, E-Mail, Event, Eyeliner, fair, Fan, foulen, Freak, Gag, Grapefruit, Highlight, Internet, Jazz, jobben, joggen, Kidnapper, leasen, Look, Manager, Meeting, Notebook, Office, out, Pool, Popcorn, Quiz, Recycling, Rowdy, sexy, Shop, soft, Sound, surfen, Talkshow, T-Shirt, Update, Volleyball, Workshop, zappen

271 a Couch, foulen, out, Sound

b Bowling, Bungalow, Talkshow

c Clown, downloaden, Rowdy

d Look, Notebook, Pool

e Curry, Cursor, surfen

f Blazer, Date, Grapefruit, Update

g Action, chatten, Fan, Gag, Jazz, Kidnapper, Manager, zappen

h Cheerleader, Freak, leasen

i Cheerleader, E-Mail, Event, Meeting, Recycling

j Blazer, Quiz, zappen

k chatten, Cheerleader, Couch

l Jazz, jobben, joggen

272

joggen	chatten
ich jogge	ich chatte
du joggst	du chattest
er (sie, es) joggt	er (sie, es) chattet
wir joggen	wir chatten
ihr joggt	ihr chattet
sie joggen	sie chatten

273 Sollten Jugendliche einen eigenen Fernseher besitzen?

Dieses Argument spricht dafür:

Wenn es in einer Familie nur einen einzigen Fernseher gibt, kann es leicht zum Streit kommen.	*Behauptung*
Das liegt daran, dass nicht alle Familienmitglieder die gleichen Interessen haben:	*Begründung*
Der Sohn interessiert sich vielleicht für Fußball, der Vater für Kochshows und die Mutter für Spielfilme. Wer entscheidet nun, welche Sendung gesehen wird? Im Zweifel bestimmt das ein Elternteil, und dadurch entsteht regelmäßig Ärger oder zumindest Verdruss.	*Beispiele*
Für den Familienfrieden ist es deshalb besser, wenn jeder einen eigenen Fernseher hat – auch das Kind. *(80 Wörter)*	*Ergebnis*

Dieses Argument spricht dagegen:

Für ein Kind kann es sogar schädlich sein, einen eigenen Fernseher in seinem Zimmer zu haben.	*Behauptung*
Es kann dann nämlich problemlos auch Sendungen sehen, die nicht jugendfrei sind,	*Begründung*
z. B. Horrorfilme. Da es allein vor dem Fernseher sitzt, wird es nicht einmal mit seinen Eltern darüber sprechen. Womöglich schläft es anschließend schlecht, weil es nachts von Albträumen geplagt wird.	*Beispiel*
Insofern ist es doch besser, wenn es nur einen einzigen Fernseher in einer Familie gibt, und der sollte im Wohnzimmer stehen. *(80 Wörter)*	*Ergebnis*

Abschlusstest

1 Es handelt sich um eine Sage.

2
- Die Geschichte spielt an einem bestimmten Ort.
- Die Geschichte spielt in einer früheren Zeit.
- Es geschehen wundersame Dinge.

3 a Die Geschichte spielt in der Stadt Köln.

b Die Geschichte spielt vor langer Zeit.
Es heißt zwar: „Es mag noch nicht allzu lange her sein", dass die Ereignisse geschehen sind. Das klingt so, als wäre die Geschichte mit den Heinzelmännchen erst vor Kurzem geschehen. Aber das Leben der Menschen wird so dargestellt, wie es in alten Zeiten war (z. B. ohne Waschmaschine).

c Wichtig sind die Heinzelmännchen, ein Schneider und die Ehefrau des Schneiders.
Die Bürger der Stadt Köln werden auch genannt, aber sie sind in der Geschichte weniger wichtig. Das gilt auch für die Gesellen und Mägde.

d
- Vom Schneider erfährt man nur, dass er seine Arbeit tut, heiratet und Kinder bekommt.
- Von den Heinzelmännchen erfährt man, dass sie dem Schneider – vor allem aber seiner Frau – bei der Arbeit helfen. Nachdem die Schneidersfrau Erbsen auf die Treppe gestreut hat, verschwinden sie.
- Von der Schneidersfrau erfährt man, dass sie alles versucht, um die Heinzelmännchen zu sehen. Aber sie schafft es nicht, sie zu Gesicht zu bekommen. Am Ende greift sie sogar zu einer List. Dabei schreckt sie nicht einmal davor zurück, ihren fleißigen Helfern einen Schaden zuzufügen.

e Die Geschichte endet damit, dass die Heinzelmännchen verschwinden, und zwar auf Dauer. Die Schneidersfrau hat sie für immer vertrieben, nicht nur aus ihrem eigenen Haus, sondern aus der ganzen Stadt. In Köln hatten damit die guten Zeiten ein Ende.

4 a Die Heinzelmännchen haben der Schneidersfrau viel im Haushalt geholfen.

b Die Schneidersfrau wurde schrecklich neugierig.

5 a Sie könnte sich nachts versteckt und darauf gewartet haben, dass die Heinzelmännchen kommen.
b Sie bekommt die Heinzelmännchen nicht zu sehen.

6 a Sie streut Erbsen auf die Treppe.
b Sie will, dass die Heinzelmännchen stolpern, damit sie sie sehen kann.

7 a *Du solltest deine Kreuze so gesetzt haben:*
[X] falsch [X] verständlich
b *Begründung:* Es ist **verständlich**, dass die Schneidersfrau wissen möchte, wer ihr in der Nacht immer heimlich im Haushalt hilft. Die Heinzelmännchen sind ja wie ein ungelöstes Geheimnis für sie. Aber es ist **falsch**, dass sie Erbsen auf die Treppe streut. Sie nimmt in Kauf, dass die kleinen Helfer stolpern, hinfallen und sich verletzen. Das ist nicht in Ordnung.

8 Man sollte nicht zu neugierig sein; es könnte sonst sein, dass man hinterher zu Schaden kommt.

9 Grundsätzlich ist es nett, dass die Heinzelmännchen den Kölner Bürgern heimlich bei der Arbeit helfen. Allerdings scheinen sie auch ihre Lieblinge zu haben, z. B. den Schneider. Es geht ihnen also nicht darum, Armen und Bedürftigen zu helfen, sondern denen, die sie besonders gut leiden können. Außerdem verschenken sie auch gestohlene Dinge; das ist falsch. Dass die Heinzelmännchen am Schluss verschwinden, nachdem die Schneidersfrau Erbsen auf die Treppe gestreut hat, ist aber verständlich. *(73 Wörter)*

10

Nomen	Verben	Adjektive
die Nacht	waschen	herrlich
die Wohnung	stehlen	schön
die Arbeit	bringen	festlich
das Spiel	fallen	häuslich
die Erbse	sehen	gut
die Gelegenheit	hören	abenteuerlich
die Treppe	verschwinden	dringend

11 ▶ (die) herrlichsten Speisen ▶ (das) schönste Gerät

12

Grundform	Komparativ	Superlativ
lang	länger	am längsten
klein	kleiner	am kleinsten
festlich	festlicher	am festlichsten
dringend	dringender	am dringendsten
gut	besser	am besten

13 a *[...] doch hatte <u>sie</u> niemand gesehen.* (Z. 4)
→ die Heinzelmännchen

b *[...] als <u>er</u> heiratete, fand <u>er</u> am Hochzeitstag die herrlichsten Speisen und das schönste Gerät [...]* (Z. 11 f.)
→ der Schneider

c *[...] wuschen für <u>sie</u> und scheuerten <u>ihr</u> bei festlichen Gelegenheiten ihr Kupfer und Zinn [...]* (Z. 15 f.)
→ die Schneidersfrau

d *[...] so fand <u>er</u> <u>sie</u> morgens ganz und gar von den Heinzelmännchen fertiggestellt.* (Z. 18 f.)
→ er: der Schneider; → sie: die Arbeit

e *Wie <u>sie</u> sich aber anstellte, <u>es</u> wollte <u>ihr</u> doch nie gelingen.* (Z. 21 f.)
→ sie/ihr: die Schneidersfrau; → es: die Heinzelmännchen zu sehen

14

Hein | zel | männ | chen	Ge | sel | len	Haus | ar | bei | ten
fol | gen | reich	Woh | nung	ge | stoh | len
Ge | le | gen | hei | ten	scheu | er | ten	Trep | pe

Für jede richtige Silbengrenze bekommst du 0,5 Punkte.

15 a [Vor langer Zeit] [wirkten] [in Köln] [viele Heinzelmännchen].
AT P AL S

b [Sie] [huschten] [des Nachts] [in die Häuser der Bürger].
S P AT AL

c [Dort] [erledigten] [sie] [bis zum Morgen] [viele Arbeiten].
AL P S AT O

d [Sie] [wuschen] [Wäsche] und [backten] [Brot].
S P1 O P2 O

16

a

Eines Tages	wollte	die Schneidersfrau	die Heinzelmännchen	sehen.
AT	P1	S	O	P2

b

Sie	streute	abends	Erbsen	auf die Treppe.
S	P	AT	O	AL

c

Am nächsten Morgen	waren	die Heinzelmännchen	verschwunden.
AT	P1	S	P2

17

a Leider gibt es keine Heinzelmännchen mehr. → Präsens
b In Köln hatte es einst solche Helfer gegeben → Plusquamperfekt
c Einmal wollte eine Frau die Kleinen sehen. → Präteritum
d Deshalb streute sie Erbsen auf die Treppe. → Präteritum
e Da verschwanden die Wichtel. → Präteritum
f Man hat sie seither nie mehr gesehen. → Perfekt

18 **Bestimmt** hätten viele **Schüler** gerne ein **Heinzelmännchen**. **Der Wichtel** könnte ihnen bei allen ihren **Pflichten** zur **Seite** stehen. **Das** wäre sicher ein schönes **Leben**. **Der** fleißige **Helfer** würde alle unangenehmen **Hausaufgaben** erledigen. **Er** würde seinem **Besitzer** auch die **Einkäufe** abnehmen und am **Abend** würde er das **Zimmer** aufräumen. **Aber** leider gibt es schon lange keine **Heinzelmännchen** mehr. **Natürlich** könnte man seinen kleinen **Diener** auch nicht zur **Schule** schicken. **Das** würde der **Lehrer** ja sehen. **Vielleicht** ist es auch besser, dass diese fleißigen **Wesen** aus unseren **Häusern** verschwunden sind. **Sonst** würden die meisten **Kinder** faul und würden nichts mehr lernen. **Das** wäre nicht gut.
Für jedes richtig großgeschriebene Wort bekommst du 0,5 Punkte.

19 Geselle, fleißig, wissen, Speise, essen, außer, Besen, Füße, Wasser, leise, Wiese, Kissen, Klöße, lesen, vergessen, gießen

20

Rechtschreibproblem	Begründung
Es mag noch nicht allzu lange her sein, dass in	mögen
Köln die Heinzelmännchen ihr Wesen trieben.	lang gesprochenes i → **ie**
Kleine nackende Männchen waren es, die aller-	Mann
hand taten, Brot backen, waschen und derglei-	Brote
chen mehr, doch hatte sie niemand gesehen.	lang gesprochenes i → **ie**
Zu der Zeit gab es manchen Bäcker, der keine	geben; backen

Gesellen hielt. In manchen Häusern wuschen	lang gesprochenes i → **ie**; Haus
sie und nahmen den Mägden die Arbeiten ab.	ne**h**men; Magd
So war es auch bei einem Schneider in Köln;	
als er heiratete, fand er am Hochzeitstag die	fin**d**en; Hochzeitsta**g**e
herrlichsten Speisen in seiner Wohnung. Da-	stimmhaftes s → **s**; wo**h**nen
nach halfen die Kleinen der Frau des	**die** Kleinen (hier: Nomen)
Schneiders; sie wuschen und scheuerten das	Häuser/stimmhaftes s → **s**;
Haus vom Söller bis zum Keller. Hatte der	kurzer Vokal/Silbenfuge → **ll**
Schneider dringende Arbeit, so sah er sie mor-	Arbei**t**en; se | **h**en
gens ganz und gar fertiggestellt.	
Nun plagte aber die Schneidersfrau der Vor-	pla**g**en
witz, und sie wollte die Heinzelmännchen	kurzer Vokal/Silbenfuge → **ll**
gern einmal sehen. Wie sie sich aber anstellte,	anste**ll**en
es wollte ihr doch nie gelingen. Sie streute	str**eu**en
daher einmal die Treppe voller Erbsen. Dieser	kurzer Vokal/Silbenfuge → **pp**
Anschlag schlug aber fehl.	Anschlä**g**e; schla**g**en

21 Bewertung deines Aufsatzes

Gib deinen Aufsatz einer anderen Person zu lesen, z. B. deinem Vater, deiner Mutter oder einem Freund. Bitte deinen Testleser danach, im Bewertungsbogen unten einzukreisen, wie er den Text im Hinblick auf die einzelnen Kriterien einschätzt. Zähle am Schluss die erreichte Punktzahl zusammen.

Kriterium	gut	mittel	schlecht
Die Geschichte besteht aus 150 bis 200 Wörtern.	3 Punkte (150–230 Wörter)	1,5 Punkte (90–149 Wörter)	0 Punkte (unter 90 Wörter)
Die Geschichte ist in der Ich-Form geschrieben.	3 Punkte	1,5 Punkte	0 Punkte
Die Geschichte ist durchgängig im Präteritum geschrieben.	3 Punkte	1,5 Punkte	0 Punkte
Der Inhalt der Geschichte ist gut zu verstehen.	3 Punkte	1,5 Punkte	0 Punkte

Die Geschichte wirkt lebendig und interessant; man liest sie gern.	3 Punkte	1,5 Punkte	0 Punkte
Die Geschichte enthält an einigen Stellen wörtliche Rede/Gedanken.	3 Punkte	1,5 Punkte	0 Punkte
Es gibt keine störenden Wortwiederholungen.	3 Punkte	1,5 Punkte	0 Punkte
Die Geschichte hat einen richtigen Schluss.	3 Punkte	1,5 Punkte	0 Punkte
Alle Sätze sind vollständig.	3 Punkte	1,5 Punkte	0 Punkte
Es gibt keine Grammatikfehler.	3 Punkte	1,5 Punkte	0 Punkte
Die meisten Wörter sind richtig geschrieben.	3 Punkte	1,5 Punkte	0 Punkte
Der Text ist ordentlich geschrieben (z. B. mit ausreichendem Rand).	3 Punkte	1,5 Punkte	0 Punkte

Gesamtpunktzahl: ______ von 36 Punkten

Testauswertung

Zähle nun alle Punkte zusammen, die du im Test erreicht hast.

245–210 Punkte:

Sehr gut! Ganz gelassen kannst du gelegentlich einige Kapitel vertiefen.

209–165 Punkte:

Das Ergebnis kann sich sehen lassen. Erkenne selbst, welche Abschnitte oder Aufgaben du noch einmal wiederholen solltest, um zu einem sicheren Grundwissen zu kommen.

164–110 Punkte:

Es ist noch kein Meister vom Himmel gefallen. Mache dich auf die Suche, mithilfe welcher Kapitel und Übungen du deine noch vorhandenen Unsicherheiten beheben kannst. Sieh dir dazu deine Testergebnisse noch einmal im Detail an. Auch deine Einträge im Kompetenzcheck helfen dir dabei.

109 Punkte und weniger:

Du solltest das Buch noch einmal durcharbeiten. Nimm dir Zeit und gehe Aufgabe für Aufgabe konzentriert durch. Besprich dich auch mit deinen Mitschülern oder hole dir Tipps von deiner Lehrerin/deinem Lehrer. Teile dir die Arbeit ein und versuche nicht, alles auf einmal zu machen.

Fachbegriffe

Adjektiv: eine → Wortart. Adjektive beschreiben Eigenschaften und Merkmale von Personen, Dingen oder Situationen genauer.
Beispiele: Max ist *groß*. – das *schöne* Auto

Adverbiale: ein → Satzglied. Es gibt verschiedene Adverbialien, z. B. → Lokaladverbialien oder → Temporaladverbialien.

Alphabet: Buchstabenreihe von A/a bis Z/z.

Artikel: eine → Wortart. Artikel sind Begleiter von Nomen. Es gibt bestimmte *(der, die, das)* und unbestimmte *(ein, eine)* Artikel.

Argument: Jedes Argument besteht mindestens aus einer → Behauptung und einer → Begründung. Besonders überzeugend ist es, wenn die Begründung zusätzlich durch → Beispiele veranschaulicht wird.

Aufforderungssatz: ein → Satz, mit dem man ausdrückt, dass jemand etwas tun soll. Aufforderungssätze werden mit einem Punkt beendet. Wenn eine Aufforderung sehr dringend gemeint ist, setzt man am Schluss ein Ausrufezeichen.
Beispiele: Unterstreiche im Text alle Verben. – Sitz endlich still!

Ausrufesatz: ein → Satz, der laut gerufen wird, z. B. weil man sich freut oder sich ärgert. Man beendet ihn mit einem Ausrufezeichen.
Beispiele: Das ist aber schön! – Du bist vielleicht ein Schuft! – Ich kann nicht glauben, dass du das gemacht hast!

Aussagesatz: ein → Satz, mit dem man aussagt, was ist oder was geschieht oder was gemacht wird. Er wird mit einem Punkt beendet.
Beispiele: Ich kenne viele Computerspiele. Einige spiele ich mehrmals am Tag.

Begleitsatz: Der Begleitsatz steht bei der → wörtlichen Rede. Er drückt aus, wer spricht.
Beispiele: Sie sagte: „Ich gehe jetzt nach Hause.“ – „Es ist auch schon spät“, *antwortete er.* – „Dann muss ich mich beeilen“, *meinte sie,* „sonst kriege ich Ärger.“

Begründung: der Grund, den jemand anführt, um seine Meinung zu belegen oder zu rechtfertigen.

Behauptung: eine Art Feststellung. Man sagt, dass etwas Bestimmtes der Fall ist.
Beispiel: Biogemüse ist gesünder.
Eine reine Behauptung kann nicht überzeugen. Erst durch eine nachvollziehbare → Begründung wird eine Behauptung zu einem überzeugenden → Argument.

Beispiel: ein Einzelfall, der dargestellt wird, um eine Aussage zu belegen.

Bestimmungswort: das erste Wort in einem → Kompositum. Mit dem Bestimmungswort wird Genaueres über eine Sache (oder Person) gesagt. Das, worum es geht, ist das → Grundwort.
Beispiele: Holztisch (ein Tisch *aus Holz*), Esstisch (ein Tisch, *an dem man isst*)

bildhafter Vergleich: ein → sprachliches Bild. Mit einem bildhaften Vergleich vergleicht man das, von dem man spricht, mit etwas anderem. Vergleiche erkennt man an bestimmten Vergleichswörtern *(wie, als, ob)*.
Beispiel: Er war weiß *wie Schnee*.

Brief: eine Textsorte. Man unterscheidet zwischen persönlichem und formalem Brief.

Cluster: Mit einem Cluster stellt man die Ideen, die einem zu einem Thema einfallen, grafisch dar.

Dehnungs-h: Signal dafür, dass der vorangehende → Vokal lang gesprochen wird. Es kann nur vor den → Konsonanten *l, m, n* oder *r* stehen.
Beispiele: Kohle, Rahm, Lohn, Jahr

Demonstrativpronomen: eine → Wortart aus der Gruppe der → Pronomen. Mit einem Demonstrativpronomen zeigt (demonstriert) man, welche Person/Sache man meint.
Beispiele: dieser Mann, *jenes* Kleid

Doppelkonsonant: zwei gleiche → Konsonanten hintereinander. Meist steht ein Doppelkonsonant zwischen zwei → Silben; dann trennt man ihn in der Mitte (z. B.: *Mut-ter*). Vor einem Doppelkonsonanten klingt der → Vokal immer kurz.
Beispiele: Himmel, Sonne, Kette, Wasser

Erzähler: derjenige, der eine Geschichte erzählt. Gemeint ist nicht der Schriftsteller, sondern derjenige, der die Handlung erzählt. Der Schriftsteller hat sich den Erzähler ausgedacht.

Erzählung: ein Text, mit dem eine Geschichte erzählt wird.

Fantasieerzählung: eine Geschichte, die sich so nur in der Fantasie ereignen könnte.

Femininum: das „weibliche" Geschlecht. Ob ein → Nomen grammatisch gesehen „weiblich" ist, erkennt man am zugehörigen → Artikel (*die/eine*). Die → Adjektive passen sich dem Geschlecht des Nomens an.

Beispiele: die alte Frau, die junge Katze

finites Verb: das gebeugte → Verb. Es trägt im → Satz die → Personalendung.

Beispiel: Heute Nacht *hat* es geschneit.

Fragepronomen: eine → Wortart. Viele → Fragesätze beginnen mit einem Fragepronomen. Dadurch wird klar, wonach gefragt wird. Fragepronomen sind: *wer?, was?, wann?, wo?, wohin?, woher?, warum/weshalb?, wie?* (auch zusammen mit anderen Wörtern: *wie oft?, wie lange?, wie viel?*).

Fragesatz: ein → Satz, mit dem eine Frage gestellt wird. Fragesätze werden mit einem Fragezeichen beendet.

Beispiele: Wann kommst du denn endlich? – Gehst du heute ins Kino?

Fremdwort: ein Wort, das aus einer fremden Sprache, z. B. aus dem Englischen, in die deutsche Sprache gekommen ist.

Beispiele: chatten, Quiz, Show

Gedicht: ein Text, der ein kunstvoll gestaltetes Äußeres hat. Meist sind Gedichte in → Versen und → Strophen angeordnet. Häufig gibt es auch → Reime.

Grundwort: das letzte Wort in einem → Kompositum. Das Grundwort sagt aus, worum es geht.

Beispiele: Schul*tasche* (eine Tasche), tauben*blau* (blau), riesen*groß* (groß)

Hauptsatz: ein → Satz, der allein stehen kann und klar zu verstehen ist. Im Hauptsatz steht das → finite Verb vorn, auf der Position des ersten oder zweiten → Satzglieds.

Beispiel: Sabine *will* auf die Party gehen.

Hilfsverb: eine besondere Art von → Verb. Die Hilfsverben *sein* und *haben* werden gebraucht, um bestimmte → Tempora zu bilden, z. B. das → Perfekt oder das → Plusquamperfekt.

Beispiele: Ich *bin* gerannt. Sie *hatte* gelogen.

Infinitiv: die Grundform des → Verbs. Der Infinitiv endet im Deutschen meist auf *-en*.

Beispiele: lauf*en*, schweig*en*, tanz*en*

Komparativ: die erste Steigerungsform eines → Adjektivs. Man bildet den Komparativ, indem man die Endung *-er* hinzufügt. Manchmal muss man den → Umlaut verwenden.

Beispiele: mutig – *mutiger*, stark – *stärker*

Kompositum (Plural: Komposita): ein aus zwei oder mehreren Wörtern zusammengesetztes Wort.

Beispiele: Hausarzt, zuckersüß

konjugieren: die möglichen Formen eines → Verbs bilden. Man sagt auch: ein Verb beugen. Man konjugiert ein Verb, indem man seine Form an ein bestimmtes → Tempus und ein → Personalpronomen anpasst.

Beispiele: ich sage, du sagtest, er/sie/es hat gesagt, wir hatten gesagt

Konjunktion: eine → Wortart. Konjunktionen verbinden Wörter, → Sätze oder auch Teile von Sätzen miteinander. Deshalb heißen sie auch Bindewörter.

Beispiele: und, oder, denn, dann, aber, als, nachdem, obwohl, weil, bevor, wenn

Konsonant: Mitlaut. Anders als → Vokale können Konsonanten nicht allein gesprochen werden; es klingt immer ein Vokal mit.

Beispiele: b (sprich: be), *h* (sprich: ha)
Konsonanten sind: *b, c, d, f, g, h, j, k, l, m, n, p, q, r, s, t, v, w, x, y, z.*

Kreuzreim: Man spricht von einem Kreuzreim, wenn sich Wörter abwechselnd → reimen (a b a b).

Beispiel: Reise – mir – leise – hier

Lokaladverbiale: ein → Satzglied. Mit einem Lokaladverbiale wird gesagt, wo sich jemand (oder etwas) befindet.

Beispiele: hier, vor dem Haus, auf der Straße

lyrisches Ich: das Ich in einem → Gedicht.

Märchen: eine → Erzählung, die in einer längst vergangenen Zeit und an einem unbestimmten Ort spielt und in der meist wundersame Dinge geschehen. Typisch sind formelhafte Sätze (*Es war einmal …*) sowie Zaubersprüche und magische Zahlen.

Maskulinum: das „männliche" Geschlecht. Ob ein → Nomen grammatisch gesehen „männlich" ist, erkennt man am zugehörigen → Artikel (*der/ein*). Die → Adjektive passen sich dem Geschlecht des Nomens an.
Beispiele: ein alter Mann, der hohe Baum

Nachsilbe: eine → Silbe am Wortende.
Beispiele: Ereign*is*, Möglich*keit*, Reich*tum*, mut*los*, herz*lich*, wunder*bar*

Nebensatz: ein → Satz, der nur im Zusammenhang mit einem → Hauptsatz sinnvoll ist. Im Nebensatz steht das → finite Verb in der Regel am Ende. Nebensätze werden durch Komma vom zugehörigen Hauptsatz abgetrennt.
Beispiele: Wenn du kommst, freue ich mich. Ich kann mir das Auto nicht leisten, *weil es zu teuer ist.*

Neutrum: das „sächliche" Geschlecht. Ob ein → Nomen grammatisch gesehen „sächlich" ist, erkennt man am zugehörigen → Artikel (*das/ein*). Die → Adjektive passen sich dem Geschlecht des Nomens an.
Beispiele: ein kleines Kind, das große Haus

Nomen: eine → Wortart. Mit Nomen bezeichnet man Personen oder Sachen. Manche Sachen, die man mit einem Nomen bezeichnet, kann man sich nur denken.
Beispiele: Mann, Baum, Fenster, Hoffnung

Objekt: ein → Satzglied. Das Objekt ist gewissermaßen das „Opfer" einer Handlung.
Beispiel: Martin küsst *seine Freundin.*

Paarreim: Ein Paarreim liegt vor, wenn Reimwörter (→ Reim) paarweise angeordnet sind, also direkt aufeinanderfolgen (a a b b).
Beispiel: Sonne – Wonne – Regen – Segen

Perfekt: eine Zeitform (→ Tempus) des → Verbs. Man könnte das Perfekt als „vollendete Gegenwart" bezeichnen (*perfekt* bedeutet: *fertig, erledigt*). Das Perfekt drückt aus, dass eine Handlung abgeschlossen ist. Es wird mit den → Hilfsverben *sein* oder *haben* und mit der dritten Form des Verbs gebildet.
Beispiele: Sie *hat gesagt.* – Wir *sind gekommen.*

Personalendung: die Endung am Schluss des → finiten Verbs. Sie macht das → Verb „passend" für die Person (oder Sache), die handelt.
Beispiele: Das Mädchen singt. (Personalendung -t passt zu *das Mädchen.*) – Die Kinder singen. (Personalendung *-en* passt zu *die Kinder.*)

Personalpronomen: eine → Wortart aus der Gruppe der → Pronomen. Personalpronomen sind: *ich, du, er, sie, es, wir, ihr, sie.* Sie können als Ersatz für ein → Nomen oder eine Wortgruppe stehen.
Beispiele: mein Bruder – *er*, die Kinder – *sie*, das alte Haus – *es*

Plural: Mehrzahl.
Beispiele: Stühle, Tische, Äpfel, Frauen

Plusquamperfekt: eine Zeitform (→ Tempus) des → Verbs. Man könnte das Plusquamperfekt als „vollendete Vergangenheit" bezeichnen. (*Plus-quam-perfekt* bedeutet: *mehr als perfekt.*) Das Plusquamperfekt wird gebildet mit dem → Präteritum der → Hilfsverben *sein* oder *haben* und mit der dritten Form des Verbs.
Beispiele: Ben *hatte* noch gar nichts *gegessen.* Er *war* im Kino *gewesen.*

Positiv: die Grundform eines → Adjektivs.
Beispiele: groß, schnell, klein

Possessivpronomen: eine → Wortart aus der Gruppe der → Pronomen. Possessivpronomen sind: *mein, dein, sein, ihr, unser, euer, ihr.* Sie sagen aus, wem (oder zu wem) etwas gehört. Man nennt sie auch besitzanzeigende Fürwörter.
Beispiele: Tobias sagt: „*Mein* Vater kommt nach Hause. Ich sehe schon *sein* Auto."

Prädikat: ein → Satzglied. Mit dem Prädikat wird gesagt, was jemand tut (oder was geschieht). Weil das Prädikat für einen → Satz so wichtig ist, nennt man es auch den Satzkern. Es besteht immer aus einem oder mehreren → Verben. Du kannst das Prädikat so erfragen: *Was tut …?* (oder auch: *Was tue, tust, tun, tut …?* – je nachdem, wer der „Täter" ist).
Beispiel: Die Polizei *verfolgt* den Einbrecher. *Was tut die Polizei?* Sie *verfolgt* den Einbrecher.

Präsens: eine Zeitform (→ Tempus) des → Verbs. Mit dem Präsens drückt man meist aus, dass etwas in der Gegenwart geschieht – oder regelmäßig. Das Präsens bildet man mit dem Stamm des Verbs und der → Personalendung.

Beispiele: Der Bus *kommt* (jetzt). Der Wecker *klingelt* um sieben Uhr (regelmäßig).

Präteritum: eine Zeitform (→ Tempus) des → Verbs. Mit ihr erzählt man von etwas, das in der Vergangenheit geschehen und bereits abgeschlossen ist. Die meisten → Erzählungen sind im Präteritum geschrieben. Bei regelmäßigen Verben wird das Präteritum gebildet, indem man zwischen den Stamm des Verbs und vor der → Personalendung die Buchstaben *-t* oder *-te* einfügt.

Beispiele: spiel|en – er spiel*te*, brauch|en – wir brauch*ten*, leg|en – du leg*test*

Pronomen: eine → Wortart. Das Pronomen kann stellvertretend für ein Wort oder eine Wortgruppe verwendet werden. Deshalb nennt man Pronomen auch Fürwörter (*pro* bedeutet: *für*). Es gibt verschiedene Pronomen, z. B. → Demonstrativpronomen, → Personalpronomen, → Possessivpronomen, → Relativpronomen, → Fragepronomen.

Redensart: ein → sprachliches Bild, das zu einer festen Wendung geworden ist.

Beispiel: ein dickes Fell haben

Reim: ein Gleichklang von → Silben, in der Regel ein Gleichklang von Silben am Wortende. Reime kommen oft in → Gedichten vor. Besonders häufig findet man in Gedichten diese Reime: → Paarreim, → Kreuzreim, umarmender Reim.

Relativpronomen: eine → Wortart aus der Gruppe der → Pronomen. Relativpronomen leiten → Relativsätze ein. Sie verweisen auf eine Person oder Sache zurück, von der gerade die Rede war. Meist werden die Wörter *der, die, das* als Relativpronomen benutzt. Weitere Relativpronomen sind *welcher, welche, welches*.

Beispiel: Der Mann, *der …*

Relativsatz: ein → Nebensatz, der mit einem → Relativpronomen eingeleitet wird.

Beispiel: Der Mann, *der sich gerade umgedreht hat*, kommt mir verdächtig vor.

Sachtext: ein Text, der von Lebewesen oder Dingen (Sachen) handelt, die es wirklich gibt oder gab.

Sage: eine → Erzählung aus früheren Zeiten, in der Wundersames geschieht. In Sagen werden meist konkrete Orte und Zeitpunkte genannt, um den Eindruck zu erwecken, die Geschichte hätte sich tatsächlich so abgespielt.

Satz: eine abgeschlossene sprachliche Einheit. Ein Satz kann allein stehen oder zusammen mit anderen Sätzen zu einem Text kombiniert werden. Man unterscheidet verschiedene Satzarten: → Aussagesatz, → Fragesatz, → Aufforderungssatz, → Ausrufesatz, Wunschsatz.

Satzgefüge: ein → Satz, der aus mindestens einem → Hauptsatz und einem oder mehreren → Nebensätzen gebildet wird.

Beispiel: Als ich nach Hause kam (Nebensatz), *läutete das Telefon* (Hauptsatz).

Satzglied: Teil eines → Satzes. Es gibt vier Satzglieder: → Subjekt, → Prädikat, → Objekt, → Adverbiale. Ein Satzglied kann aus einem oder aus mehreren Wörtern bestehen.

Beispiel: Mein Vater (Subjekt) *liest* (Prädikat) *jeden Morgen* (Adverbiale) *die Zeitung* (Objekt).

Satzreihe: ein → Satz, in dem zwei oder mehrere → Hauptsätze miteinander verbunden sind.

Beispiel: Heute kommt meine Tante zu Besuch, sie bringt Kuchen mit.

Schwank: eine lustige → Erzählung aus dem alltäglichen Leben von einfachen Leuten. Meist hat die Geschichte einen Wendepunkt – und zwar dort, wo ein Schwächerer einen Stärkeren durch eine List hereinlegt.

Silbe: kleinster Baustein eines Wortes. Man kann bei jeder Silbe einmal klatschen.

Beispiele: Ba-na-ne, wun-der-voll

silbentrennendes h: Bei manchen Wörtern steht im Wortinnern ein silbentrennendes h, um die Grenze zwischen zwei → Silben zu kennzeichnen.

Beispiele: ge-hen, Ru-he, fä-hig

Singular: Einzahl.

Beispiele: Stuhl, Tisch, Apfel, Frau

sprachliches Bild: ein Bild, das man mit Worten „malt". Ein Sprachbild wird erzeugt, indem man Dinge aus verschiedenen Sachbereichen aufeinander bezieht. Durch sprachliche Bilder wird eine Darstellung sehr anschaulich.

Sprichwort: eine Lehre mit einem → sprachlichen Bild.
Beispiel: Lügen haben kurze Beine.

Strophe: ein Absatz in einem → Gedicht.

Subjekt: ein → Satzglied. Das Subjekt sagt, wer etwas tut. „Täter" kann eine Person oder eine Sache sein. Nach dem Subjekt kann man so fragen: *Wer oder was …?*
Beispiel: Die Sonne scheint. *Wer oder was scheint? Die Sonne.*

Superlativ: die zweite Steigerungsform eines → Adjektivs. Man bildet den Superlativ, indem man die Endung *-(e)st* + *-e/-er/-es* hinzufügt.
Beispiele: bitter – bitter*ste*, dick – dick*ster*, traurig – am trauri*gsten*

Tagebucheintrag: eine Textsorte. In einem Tagebucheintrag hält man nicht nur die Erlebnisse eines Tages fest, sondern auch die Gefühle und Gedanken, die einem im Zusammenhang mit diesen Erlebnissen gekommen sind.

Temporaladverbiale: ein → Satzglied. Mit einem Temporaladverbiale wird gesagt, wann etwas geschieht oder wie lange etwas dauert.
Beispiele: heute, seit gestern, zwei Wochen

Tempus (Plural: Tempora): Zeitform des → Verbs. Durch das Tempus wird ausgedrückt, ob etwas in der Gegenwart (→ Präsens), in der Vergangenheit (→ Präteritum, → Perfekt, → Plusquamperfekt) oder in der Zukunft geschieht.

treffende Wörter: Wörter, die als Bezeichnung für eine Sache genau und präzise sind.
Beispiel: Statt zu sagen: Ich *mache* einen Kuchen, sagt man: Ich *backe* einen Kuchen. (Das Verb *backen* trifft die Sache genauer.)

Umlaut: → Vokal, über dem zwei Punkte stehen: *ä, ö, ü*. Die Punkte verändern die Aussprache der Vokale.

Verb: eine → Wortart. Verben drücken aus, was eine Person (oder Sache) tut.
Beispiele: sprechen, singen, lachen

Vers: eine Zeile in einem → Gedicht.

Vokal: Selbstlaut. Vokale klingen ganz allein; sie brauchen keinen weiteren Laut, um gesprochen werden zu können.
Es gibt fünf Vokale: *a, e, i, o, u*.

Vorsilbe: eine → Silbe am Wortanfang.
Beispiele: *be*achten, *ver*kaufen, *ge*fährlich

Wortart: Es gibt verschiedene Arten von Wörtern. Wortarten sind z. B. → Nomen, → Verben, → Adjektive, → Artikel, → Pronomen, → Konjunktionen.

Wortfamilie: eine Gruppe von Wörtern, die miteinander verwandt sind. Alle Wörter, die zur selben Wortfamilie gehören, haben dieselben Familienähnlichkeiten, z. B. die Schreibung mit einem → Dehnungs-h oder einem → Doppelkonsonanten.
Beispiel: fahren, Gefahr, gefährlich, Fahrzeug, Fahrer, befahrbar …

Wortfeld: Wörter, die etwas Ähnliches bezeichnen, bilden ein Wortfeld.
Beispiel: Wortfeld „sagen": *sprechen, rufen, meinen, flüstern, antworten, mitteilen, erzählen, schreien …*

wörtliche Rede: Mit der wörtlichen Rede gibt man Wort für Wort wieder, was jemand gesagt hat. Die gesprochenen Worte werden in Anführungszeichen gesetzt. Um deutlich zu machen, wer die Worte gesagt hat, fügt man einen → Begleitsatz hinzu.
Beispiel: Eva sagte: *„Ich habe dich gern."*

Wortstamm: der „Kern" eines Wortes. Wörter, die auf den gleichen Wortstamm zurückgehen, bilden eine → Wortfamilie.

Text- und Bildnachweis

Texte

S. 1: Hoffmann von Fallersleben: Vom Schlaraffenland. (www.von-fallersleben.de)
S. 15: Ulrich Janssen/Ulla Steuernagel: Warum sind die Dinosaurier ausgestorben? In: Dies.: Die Kinder-Uni. Forscher erklären die Rätsel der Welt. Deutsche Verlagsanstalt: Stuttgart/München 2003[4], S. 13–39, gekürzt.
S. 33: Torsten Winter: „Ich möchte so gerne ein Tier!" Alles über Katzen, Hunde, Meerschweinchen & Co. Rowohlt Taschenbuch Verlag: Reinbek bei Hamburg 1998, S. 56–58, leicht verändert.
S. 49: Renate Welsh: Axel und die Freude. In: Herbert Ossowski (Hrsg.): Unter dem Sonnenschirm. Patmos Verlag: Düsseldorf: 1989, S. 62 ff.
S. 63: Karin Gündisch: Stefan. In: Hans-Joachim Gelberg (Hrsg.): Die Erde ist mein Haus. Achtes Jahrbuch der Kinderliteratur. Beltz & Gelberg: Weinheim/Basel 1988, S. 300, leicht verändert.
S. 65: Die Märchen der Brüder Grimm. Taschenbucherstausgabe 3/57, Goldmann Verlag: München o. J., S. 242–244, leicht verändert.
S. 77: Martin Auer: Ein richtiger Bub. In: Ders.: Von Pechvögeln und Unglücksraben. Geschichten von Martin Auer. Beltz Verlag: Weinheim/ Basel 1989, S. 37 ff.
S. 89: Erich Kästner: Wie Eulenspiegel auf dem Seil tanzte. In: Ders.: Maskenspiele. Nacherzählungen. Werke Bd. 9. Carl Hanser Verlag: München 1998, S. 13–15, leicht gekürzt.
S. 105: Gina Ruck-Pauquét: Ist ja auch nichts für ein Mädchen. In: Wir sind Freunde. Kinder-Bilder-Lesebuch. Elefanten Press: Berlin 1983, S. 112 ff.
S. 119: Aus: Die Kinder zu Hameln. In: Hans-Jörg Uther: Deutscher Sagenschatz (Sonderausgabe), Heinrich Hugendubel Verlag: Kreuzlingen/München 2000, S. 54 f.
S. 135: Autorentext
S. 149: Aus: Die Heinzelmännchen. In: Hans-Jörg Uther (Hrsg.): Deutscher Sagenschatz. Heinrich Hugendubel Verlag: Kreuzlingen/München 2000, S. 227–229.

Bilder

Umschlagbild: © monkeybusinessimages/iStockphoto
Illustrationen: Friederike Großekettler – außer S. 88 und S. 118: Claudia Bauer
S. 15: © Jason Stitt/Dreamstime.com
S. 20: J. M. Luijt/Wikipedia, CC BY-SA 2.5 NL
S. 21: Michael Gray/Wikipedia, CC BY-SA 2.0 (links); Jakub Hałun/Wikipedia, CC BY-SA 3.0 (rechts)
S. 33: © Soru Epotok/Fotolia (oben); © genioatrapado/Fotolia (unten)
S. 34: © Rico Domonkos/iStockphoto
S. 36: © Joachim Neumann/Fotolia.com (links); © mauribo/iStockphoto (rechts)
S. 37: © Johanna Goodyear/Fotolia.com
S. 108: © kiruk/iStockphoto
S. 117: © Pitris/Dreamstime.com
S. 135: © Cienpies Design/123RF.com
S. 147: © Markus Bormann/Fotolia.com
S. 149: © Niels Kliim/123RF.com